다시 일어서는 교실

다시 일어서는 교실

1판 1쇄 인쇄 2024. 3. 25.
1판 1쇄 발행 2024. 4. 3.

지은이 송은주

발행인 박강휘
편집 구예원 디자인 박주희 마케팅 박인지 홍보 박은경
발행처 김영사
등록 1979년 5월 17일(제406-2003-036호)
주소 경기도 파주시 문발로 197(문발동) 우편번호 10881
전화 마케팅부 031) 955-3100, 편집부 031) 955-3200 | 팩스 031) 955-3111

값은 뒤표지에 있습니다.
ISBN 978-89-349-3499-8 03370

홈페이지 www.gimmyoung.com   블로그 blog.naver.com/gybook
인스타그램 instagram.com/gimmyoung   이메일 bestbook@gimmyoung.com

좋은 독자가 좋은 책을 만듭니다.
김영사는 독자 여러분의 의견에 항상 귀 기울이고 있습니다.

교사도 학생도
가고 싶은 학교가 되려면

송은주

다시 일어서는 교실

김영사

꽃 같은 삶으로
많은 이의 길을 바꿔주신
서이초 선생님과

우리 교육을 학교 안팎에서
지탱하고 있는
대한민국 교사와 학부모께
이 책을 바친다.

학원은 공부하러 가는 곳이고 학교는 친구 사귀러 가는 곳이라는 말을 듣고 깜짝 놀란 적 있다. '공교육'이라는 말 뒤에 붙는 가장 자연스러운 단어가 '붕괴'이고 '교권'이라는 말을 수식하는 가장 익숙한 단어는 '추락'이 된 건 딱히 놀라운 일이 아니게 된 지 오래되었는데도. 비상식이 상식이자 기준이 되어버린 상황에서 나오는 진단과 해법은 저마다 제각각이다. 이게 다 괴물 부모 탓이다, 기형적인 사교육 시장 때문이다, 학생 체벌 금지 조항 때문이다 등의 말까지……. 여기저기 떠도는 말은 많지만 깊이와 반성이 있는 언어는 많지 않다. 그럴수록 현장에 있는 사람, 노력해본 사람의 고민이나 진단이 궁금하다. 부모가 되자 학교에 관한 뉴스를 찡그리고 보게 되면서 더욱 절실해졌다. 이 책이 바로 그런 내 갈증을 알아봐준 듯해서 읽는 내내 반가웠다. 이전에 《나는 87년생 초등교사입니다》를 출간했던 저자는 교사로서 교실이 체념의 공간이 되는 걸 목도해왔고 동시에 학부모로서 기대를 버리지 못하기도 했다. 혼란 속에서 저자는 지금 현장에서 들리는 목소리를 조심조심 채집해 나간다. 그 과정이 순례처럼 비장하게 보이기도 한다. 학생과 학부모는 물론, 전현직 교사부터 교육부 관계자 등 110명을 저자가 직접 만나 질문한 이 책에는 우리가 가야 할 방향을 어떻게든 그려보려 애쓴 흔적이 선명하다. 뒤에 오는 누군가는 이를 붙잡고 더 먼 길을 떠나보기도 하고 다음에는 자기의 이야기를 보태보기도 할 용기를 얻을 것이다. **정문정** 작가, 《무례한 사람에게 웃으며 대처하는 법》 저자

잊지 말아야 할 것들을 잊지 않고 기록하고 기억하는 것이야말로 가장 중요한 애도이자 성찰행위입니다. 이 책은 바로 그런 애도와 성찰의 작업을 수행한 한 교사의 진지한 외침의 목소리가 담긴 책입니다. 혼자만의 목소리가 아니라 현장의 110명이 전하는 목소리가 담겨 있습니다. 어떻게 교육을 살릴 수 있는가에 관한 절절한 질문으로 시작해서 교사, 학부모, 학교, 공교육이라는 네 개의 시선에서 진실을 전하는 이야기들이 수두룩하게 담겨 있습니다. 살아 있는 학교를 위한 우리 모두의 노력을 위해 함께 이야기를 시작할 수 있도록 돕는 감사한 책입니다. **김현수** 명지병원 정신건강의학과 전문의, 성장학교 별 교장

학교와 교육의 실태를 다루는 교사 작가들이 빠지기 쉬운 함정이 있다. 다른 교사들, 현재의 교육 현실보다 위에서 바라보는 것

이다. 하지만 저자는 이 메시아주의의 함정에 빠지지 않은 성실하고 진실한 교사다. 저자의 관심은 갈수록 어려워지는 우리 교육의 현실과 그 속에서 절규하다 쓰러져가는 자신을 포함한 교사들의 고통을 향한다. 10년 전만 해도 교사들은 더 잘 가르치고 싶은데 이를 가로막는 여러 가지 걸림돌에 대해 고민했다. 그런데 이제는 그런 고민마저 사치가 되고 교사들의 목소리는 그저 가르칠 수 있게만 해달라, 심지어 살려달라는 절규로 바뀌었다. 저자는 이런 슬픈 현실을 담담하면서도 유려한 필치로 잘 보여주고 있다. 하지만 거기에 그치지 않고 더 잘 가르칠 수 있는 길, 희망의 길을 찾기 위해 여러 방향을 끊임없이 두드린다. 저자는 이 책을 통해 그 아픔에 공감하고 희망을 함께 찾고자 하는 분들에게 그 길을 함께 가자며 손을 내민다. 어쩌면 우리에게 남아 있는 마지막 기회일지도 모른다. **권재원** 마장중학교 교사, 《교육 그 자체》 저자

차 례

일러두기   인터뷰이의 요청으로 서울자유발도르프학교 학생과 학부모를 제외하고
          인터뷰이 이름을 모두 가명으로 작성했습니다.

어느 교사 학부모의 고백

첫 책 《나는 87년생 초등교사입니다》가 출간된 지 3년이 지났다. 그사이 복직 교사로 2년을 지냈고, 1학년 학부모로서 1년을 보냈다.

학교에 돌아간 후, 교사로서 이상을 실천하려면 포기해야 하는 것이 많다는 사실을 다시 한번 절감했다. 아이들과 세계문학을 함께 읽거나 토론과 같은 심화된 교육활동을 하려면 진도를 나가지 못했고, 각 가정에 피드백을 조금이라도 더 하려면 자는 시간을 줄여야 했다. 담당 업무를 하느라 여기저기 전화하고, 행정실에 내려가서 결제하고, 학부모의 문자에 답장을 하다 보면 학교 업무 시간은 손가락 사이로 빠져나가는 모래처럼 슬슬 새어나갔다.

오랜 휴직 기간을 보내고 돌아온 학교는 시스템이 그대로였다. 긴 시간이 지나도 여전히 과거에 머물러 있는 학교를 보며 그 속에서 어떻게든 맞춰 살아가는 사람들에게 공감과 연민을 느꼈다.

학교는 여전히 교사 개개인의 헌신과 희생에 의존해 체제를 유지하고 있었다. 업무는 교육부에서 교육청으로, 교육청에서 학교라는 기관으로 이관되지만 그 하나하나를 처리하는 것은 사람이다. 그리고 그 말단에 교사가 있었다.

2023년에 일어난 서이초 교사의 죽음으로 표면화된 학부모 민원의 심각성은 일선 교사가 짊어진 문제의 일부에 불과하다. 악성이든 아니든, 그간 민원과 학부모 응대는 교사 혼자만의 몫이었다. 교사가 혼자 감당했어야 했던 일은 민원만이 아니다. 교사는 수업과 행정 업무를 병행할 뿐만 아니라 학교폭력 사안을 처리하다가 학부모에게 고소를 당해도 혼자 싸워야 했다. 학생이 폭력을 휘두르면 맞고, 학생을 이해하고 용서하고 넘어가는 것이 그나마 후폭풍을 줄일 수 있는 방법이었다. 교사가 아이들을 가르치는 사람이라는 이유로 홀로 감당해야 했던 일을 열거하자면 책 몇 권으로 끝나지 않을 것이다.

아이가 초등학교에 입학하여 학부모가 되어보니, 그동안 내가 만났던 학부모들이 얼마나 노력했는지를 비로소 이해할 수 있었다. 반면 학부모가 되어도 이해할 수 없는 행동과 인식도 있었다. 부모로서 조금만 관심을 기울이고 노력하면 되는데, 스스로 양육과 부모로서의 역할을 다른 사람에게 위탁하고 책임을 떠넘기기도 쉬울 수 있음을 알게 되었다.

이 책은 교사이자 학부모인 한 사람으로서 나와 아이가 서 있는 대한민국의 교육 현실을 들여다본 성찰의 기록이다. 학부모의 악성 민원이 모든 문제의 근원이며 학부모와 교사가 대치 상태인 것처럼 인식되는 지금, 우리가 놓치고 있는 것이 무엇인지 이야기하고 싶었다. 연이은 교사 집회, 법안 마련 등으로 변화가 있을 것 같았지만 결국 같은 자리에 머물러 있는 이유를 찾으려고 했다.

2023년에 일어난 여러 교사의 죽음이 공론화되었지만, 그 이전에도 세상을 등진 교사는 많았고 날개도 펴지 못한 채 세상을 떠난 학생도 많았다. 죽은 학부모는 없었을까? 지금 이 순간도 수많은 학부모가 교육 불안으로 아이의 사교육에 과도한 돈을 들이느라 노후를 팔아 현재를 살고 있다. 이는 곧 모두가 죽음으로 걸어들어가는 것이나 다름없다.

이 책은 그 책임이 사실은 여러 장소와 시간, 이 사회의 여러 당사자에게 있다는 사실을 알리기 위한 현실 기록이다. 초중고·대학생 11명과 학부모 35명을 비롯해 어린이집, 초중고의 전현직 교사, 교장과 교감, 장학사, 교육부 관계자까지 110명을 인터뷰하여 반복해서 언급된 문제 위주로 지금 논의되어야 할 주제를 뽑아 고찰했다.

우리는 지금 어떤 것을 보지 못하고 여전히 무엇을 희생시키고 있는가. 더 늦기 전에 무엇을 살려야 하는가.

1

교사의 시선

: 가르치기 전에 살고 싶다

교실에서 죽어간 교사

2023년 7월, 서울의 한 초등학교에서 2년 차 초임 교사가 스스로 목숨을 끊었다. 초임 교사가 죽음을 선택한 장소가 교실이었다는 사실은 교사로서 학교에서 겪었던 일이 죽음의 이유와 관련이 있음을 암시했다. 실제로 해당 학급에서 학생들 사이에 갈등이 있었고, 이와 관련해 민원이 심하게 제기되어 교사가 학교에 수차례 도움을 요청했다는 사실이 밝혀졌다.

서이초등학교 교사 사망 이후, 며칠 간격을 두고 교사 사망 사건이 연이어 벌어졌다. 2023년 8월 31일에는 군산과 서울에서 두 명의 교사가 세상을 등졌고, 9월 3일에는 정년을 1년 앞둔 고등학교 체육교사가 죽음을 택했다. 9월 7일에는 대전에서 4년 동안 악성 민원에 시달린 교사가 생을 마감했다.

교사의 죽음에 학부모의 악성 민원이나 갑질이 직접적인 원인이 되었음을 입증하기는 쉽지 않았다. "일부 학부모의 행동이 교사의 교권과 인권을 지나치게 무시한 행동일 수는 있지만 죽음의 직접적인 원인이 될 범죄는 아니다"라고 판단하는 사회에서, 교사는 어떠한 보호도 받지 못하고 법의 사각지대에 놓여 있었다.

미국에서는 2001년부터 〈교사보호법Teacher Protection Act〉을 시행하고 있다. 문제 행동이 반복해서 일어나면 학부모에게 자녀 지도의 책임을 물어 방임죄로 고소할 수 있다. 학교에서 교사에 대한 폭력이 일어나면 경찰이 출동할 수 있으며, 학생과 학부모는 민형사상 책임을 지도록 되어 있다. 교사가 보호받지 못할 때 작동하는 법의 그물이 우리나라보다 훨씬 촘촘하다는 것을 알 수 있다.

교사 사망 사건이 있을 때마다 언론에서는 '극단 선택'이라는 제목의 기사를 쏟아냈다. 정말로 교사가 죽음을 스스로 선택한 것일까? 동료 교사와 몇몇 언론인은 '극단 선택'이라는 말에 동의하지 않았다.

"교사의 '극단 선택'이라는 말 대신 사회적 타살, 교육적 타살이라는 말이 더 적합한 것 같아요. 자기 의지로 죽은 것이 아니니까요. '그만두면 되지 왜 죽느냐'는 말을 하는 사람들도 있는데, 교직이 특수하다 보니 이직이 쉽지 않고 책임감이 강한 교사들은 특히 면직에 대한 부담감, 두려움이 있다고 생각해요." 10년 차 초등교사 유지현

심리부검 전문가의 책 《심리부검: 사람은 왜 자살하는가》에는 '타살적 자살'이라는 용어가 나온다. 사망자가 '타살적 자살'을 맞이한 경우 가해자에게는 직간접적인 책임이 있으며, 억울한 일을

당한 사람이 자살로 항변할 경우 가해자가 원인을 제공한 것으로 보고 민형사상 책임을 지게 할 수 있다고 한다.

심리부검은 자살과 관련된 단서, 사망자가 살아온 삶의 경로와 상황, 최근의 심적 변화, 평소 자살 위험성 유무, 관련자의 증언, 사망자와 가까운 사람들의 신뢰성 있는 이야기 등을 통해 사망자가 죽음에 이른 과정을 재구성함으로써 자살 동기를 밝혀낸다.

2023년 9월, 서이초 교사의 사망에 대해서 국립과학수사연구원은 "고인이 반 아이들 지도 문제, 학생들 사이에 발생한 사건 관련 학부모 중재, 학교 관련 스트레스, 개인 신상 문제 등으로 심리적 취약성이 극대화된 상황에서 극단적 선택에 이른 것으로 사료된다"는 내용의 심리부검 결과를 경찰에 전달했다. 그러나 처음부터 개인사로 인한 우울증으로 사망 원인을 발표하며 혼선을 주었던 경찰은 심리부검 결과를 받아들이지 않고 '혐의 없음'으로 종결했다.

우리나라에서 한 젊은 세무 공무원이 '내가 죽는 이유는 업무 과다로 인한 스트레스 때문입니다'라고 유서를 쓰고 투신한 사건이 있었다. 이때 심리부검이 재판에서 법적 근거로 인정받아 재해 인정 판결이 내려졌다.[1] 교사가 교실에서 죽었다면 심리부검 결과는 더욱 엄중하게 받아들여져야 한다.

유가족, 친구, 가까운 동료 등 자살자가 세상을 떠난 후 남은 사람을 '자살생존자'라고 한다. 죽음에 관한 철저한 진상 규명은 자살생존자에게 뒤늦게라도 위로를 건네고 죄책감을 덜게 하는 치유과정이 될 뿐만 아니라 이후 자살 예방에도 중요한 역할을 한다.

2023년 여름부터 토요일마다 열렸던 교사 집회에서, 참석자들은 진상 규명을 외쳤다. 진실이 규명되지 않는 한 정의를 두려워할 줄 모르는 또 다른 가해자가 나타날 것이며, 비슷한 죽음은 계속될 것이다.

등굣길에 놓인 근조화환

7월 19일, 교사의 죽음이 뒤늦게 알려진 후, 서이초 교문 앞에는 근조화환이 늘어섰다. 초등학교에 늘어선 근조화환이라니. 한 번도 학교 앞 근조화환을 본 적이 없었던 때에는 슬픔보다도 생경한 광경이라는 생각에 거부감이 먼저 들었을지 모른다.

한 학부모는 지역 맘카페에 "아이들의 생활공간을 어른들의 급한 슬픔으로 덮지 말아 달라, 아이들에게 트라우마 없이 이 상황을 설명하기 어렵다"며 근조화환을 보내지 말라는 요청의 글을 올렸다가 여론의 뭇매를 맞았다.

이 글은 상황의 심각성과 문제점도 인식하고 있었고, 애도를 하지 말자는 의도도 아니었다. 하지만 학교에서 스스로 죽어야만 했던 교사의 슬픔에는 끝끝내 공감하지 않는다는 점, '죽음'과 '어린이'를 어울릴 수 없는 별개의 것으로 분리한다는 점에서 불편함을 남겼다. 어린이에게 죽음은 무조건 쉬쉬하고 숨겨야 하는 것일까?

인간은 누구나 죽는다. 어린이도 가족이든 지인이든 친척이든 누군가 죽고 장례를 치르는 경험을 할 수 있다. 어린이에게도 죽음은 삶처럼 언제나 어딘가에 있는 것이다.

법의학자 유승호 교수는 저서 《나는 매주 시체를 보러 간다》에서 현대사회는 의도하든 의도하지 않았든 죽음과 삶을 분리해놓았다고 썼다. 죽음이 가까워지면 요양원이나 요양병원에 있다가 중환자실에서 생을 마감하게 되고, 죽음은 자식 세대의 삶과 공간에서 분리되었다고 설명한다. 죽음에 대한 의식이 발달하고, 죽음을 준비하는 데 익숙해지고 있는 일본이나 미국에 비해 우리나라에서는 아직도 죽음에 대한 논의가 활발하지 않다고도 지적했다.

그러니 누군가의 죽음을 아이가 알지 못하도록 감추어야 한다거나, '비극적인 사건'이기 때문에 더욱더 어린이의 생활공간과 죽음의 상징인 근조화환은 분리되어야 한다는 사고방식이 있다면 이는 개인의 잘못만은 아닐지 모른다.

글쓴이의 생각에 반대한 학부모들은 이런 댓글을 남겼다. "돌아가신 선생님도 누군가의 자식이었습니다." "아이들을 가르치다 생긴 일입니다. 이 정도의 추모도 못 하나요."

교사가 학교에서 아이들을 가르치다 생긴 일로 죽었다면 학생도 진실을 알아야 한다. 학생 역시 학교에서 일어나는 모든 일의 당사자이기 때문이다. 우리는 종종 그 사실을 잊는다. 그리고 어린이와 청소년이 슬픔과 분노를 표출하는 어른들의 모습을 바라보고 있다는 사실도 자주 잊는다. 학생들은 어른들의 반응을 보며 '반응하는 법'과 이 반응을 일으킨 사건이나 대상을 바라보는 관점을 배운다.

학교에서 일어난 일이 아니더라도, 어린이가 자살을 주변에서 접한다면 상실감에 대처하는 방법을 배우는 것이 좋다. 일어난 사건을 아이들이 '이미' 알고 있는 경우는 생각보다 많다. 아이들이 원하는 것은 현실 외면과 포장된 말이 아니라 이 상황을 정확하게, 그러나 건강하게 받아들일 수 있게 이끌어주는 어른들의 말과 행동일 것이다. 너무 일찍부터 모든 것을 적나라하게 알려줄 필요는 없지만 사태를 직시하는 인간의 정직한 정신은 알려줘야 한다.

나는 당신입니다. 당신은 나입니다.

서이초 교사의 죽음 이후 집회 현장이나 근조화환 문구 중에서 많이 나온 말이다. 교사들에게 가장 많은 공감을 받은 말이기도 하다. 죽음을 택한 교사들이 처했던 상황과 흡사한 상황을 겪은 교사가 그만큼 많다는 뜻이다.

학교로 근조화환을 보낸 이들은 '당신일 수도 있었던 나'라고 느끼는 모든 교사였다. 전국의 교사들이 보낸 화환의 수는 엄청나서, 교사의 죽음이 있었던 학교, 교육청을 이중, 삼중으로 둘러싸고도 남았다.

"슬픔이랑 안타까움이 제일 컸고 그다음이 화였어요……. 특히 최근에 돌아가신 선생님의 경우에는 9.4 교사 파업 이후 뭔가가 바뀔 거라고 기대하셨는데 그 이후에도 변화가 없어서 절망감에 선택하

동료나 지인의 자살을 경험한 사람은 불가피한 질문을 하게 된
다고 한다.《왜 자살하는가》를 쓴 저널리스트 에릭 마커스는 이따
금씩 만난 동료인 로저가 자살한 뒤 '나도 언젠가 갑자기 위기에
처하지 않을까?'라는 생각을 했다고 고백한다. 저자는 누구의 자
살이든 충격은 꽤 멀리까지 퍼지며, 깊이 알지 못하거나 친분이 없
는 직장 동료의 자살도 엄청난 영향을 끼친다고 설명한다.

특히 교사집단은 교사 양성 과정과 임용 후 업무에도 공통점이
많아 동질감이 남다른 집단이다. 감정이입과 분노, 동료에게 끝내
도움이 되지 못했다는 죄책감은 더없이 클 수밖에 없다. 교권이 추
락했다는 현실을 매일 체감하면서도 공감하고 위로하는 동료들이
있어 버틸 수 있다고 하는 교사도 많다.

교권은 일반적으로 '가르칠 권리'를 말한다. 이 안에는 수업권,
평가권 등 수업과 직접 관련되는 행위를 할 권리가 포함된다. 가르
치는 일을 하는 노동자로서 신분을 유지하고, 전문성을 존중받으
며 업무를 처리하고 경제적 급여와 복리후생을 누릴 권리 등도 포
함된다. 또 교권 안에는 보편적인 인간 권리로서 '교사의 인권'도
들어간다.

교권 침해 사건들은 담임 교체를 끈질기게 요구하거나 수업 시
간에 난동을 부리는 등 가르칠 권리를 침해하는 경우가 많다. 또한
그 침해 방법이 끊임없는 인신공격, 무고와 악성민원으로 교사를
감정적으로도 시달리게 하며 불안하게 한다는 점에서 교사의 인

26

권을 침해한다. 가르칠 권리뿐만 아니라, 교사가 한 인간으로서 편안하게 생존할 수 있는 기본 인권이 제도적으로나 법적으로나 보호받지 못한다.

교사가 가르치기 전에 살고 싶다고 외치는 말은, '교사도 인간이며 그 인간으로서의 기본 권리를 지켜달라'고 하는 말이자 가르치는 인간의 권위를 회복해달라는 뜻이다.

배웠다는 학부모가 더 무섭다

명문대 출신, 법조계 출신임을 내세워 갑질을 한 학부모의 사례가 뉴스에 연이어 나오고 있다. 대학 이름이나 직업을 언급하며 교사에게 폭언하는 학부모의 행동은 우리 사회에서 학벌과 직업을 도구로 삼는 권위 의식과 외적 조건을 통해 자신을 인정받으려는 인간의 나약함을 보여준다.

제도적으로 인증받은 자격이나 졸업장만 다른 사람의 권위를 침해하고 강요하는 도구로 쓰이는 게 아니다. 종교재단에서 운영하는 사립학교에 근무하는 한 교사는 해당 종교에 대해 '많이 배웠다'는 학부모로부터 사사건건 지적을 받았다. 학부모는 교사의 일거수일투족을 해당 종교에서 사용하는 성경의 관점에서 해석하며 비난했다. 교사가 결국 그만둘 마음을 먹고 사직서를 내자, 사태의 심각성을 깨달은 다른 학부모들이 해당 학부모에게 항의했다. 교육활동에 지나치게 개입하지 않겠다는 약속을 해당 학부모에게서 받은 후에야 교사는 다시 교단에 복귀했다.

괴로워하는 교사와 그 모습을 안타깝게 바라보는 학부모 사이에서는 "배운 사람이 더 무섭다"는 말이 나온다. '배웠다'는 말은 여러 의미로 쓰인다. '어떤 학교의 졸업장이 있어서 그 학력이 있음' '교양이 있음' '상당한 수준의 지식이 있음' 등 다양하게 해석될 수 있다. 이 중에서도 '교양이 있음'은 다른 뜻과 늘 함께하는 건 아니다. 지식이 많아도 교양이 없을 수 있음을 우리는 알고 있다.

교양 없는 행동을 우리는 왜 '무섭다'고 표현하는 걸까. 그들에게는 보이는 게 없기 때문이다. 자신의 아집과 무지함을 인식하지 못하고 눈을 가린 소처럼 몰아붙이는 사람은 주변을 보지 못하므로 무섭다. 그런 사람에게는 눈을 가리고 있는 것을 벗겨주고 싶어도 쉽지 않다. 나는 지각 있는 부모라는 착각으로 주변의 손길도, 눈길도 보려 하지 않기 때문이다.

우리보다 먼저 '괴물 부모'라는 개념이 생긴 일본에는 전문가들이 수행한 연구가 많다. 김현수 정신건강의학과 교수는《괴물 부모의 탄생》에서 그런 연구를 종합하여 일본에서 괴물 부모가 출현한 이유를 네 가지로 정리했다. 첫째, 학교폭력 만연화 이후 생겨난 불신과 무기력한 학교, 둘째, 학부모의 고학력화로 인한 학부모와 교사 간 학력 역전 현상, 셋째, 사회의 학벌화로 자녀를 학벌 체제에 편입시키려는 학부모들의 지나친 자녀 사랑, 넷째, 교육의 서비스화로 교육이 얼마든지 '클레임'을 제기할 수 있는 분야로 인식되기 시작했다는 점이다. 이 네 가지 이유는 일본에서뿐만 아니라 우리나라에도 그대로 적용된다.

백화점에서 근무하는 한 직원은 하루 종일 서 있고 응대하는 일 자체보다는 고객의 갑질이 몹시 힘들었다고 했다. 교육 현장에도 백화점 VIP 대우를 받고 싶어 하는 고객이 너무 많은 건 아닐까? VIP 대우를 왜 받고 싶어 하는가. 배운 사람일수록 VIP 대우를 받으려고 해서는 안 되는 이유는 무엇인가.

배웠다는 사람들이 VIP 대우를 받고 싶어 하는 심리에는 자신이 과거에 했던 노력과 우수한 능력에 합당한 차별적 우위를 점하고 싶다는 심리가 깔려 있다. 이렇게 능력에 따른 차별은 당연하다는 인식을 '메리토크라시meritocracy'라고 한다.

그들이 알지 못하는 것은 그들이 얻은 학벌과 기득권은 그들 자신만의 노력뿐 아니라 부모의 노력과 희생이 뒷받침되었을 수 있다는 사실이다. 이 사회에 이미 깔려 있는 사회·경제적 자본에 따른 불평등 때문에 자신이 더 유리한 게임 결과를 얻었을 가능성이 크다는 사실을, 기득권자는 쉽게 잊는다.

마이클 샌델은 《공정하다는 착각》에서 능력주의는 사실상 공정하지 않으며, 능력에 따라 시장이 주는 대로 취하는 것이 공정하다고 여기는 신념이 사실상 연대를 불가능하게 한다는 점을 지적했다. 우리는 죽도록 노력해도 자수성가할 수 없을지도 모르고, 사회가 우리의 재능이나 능력에 따라 준 보상은 행운 덕이지 업적 덕이 아님을 직시하라고 했다. 운명의 우연성을 인지할 때 겸손이 비롯된다는 문장은 자신의 유능성에 도취된 사람들이 새겨야 할 말이다.

부모가 자신의 능력과 노력을 맹신하고 스스로 그럴 만한 자격이 있는 사람이라고 여기며 다른 사람을 하대하는 모습을 보고 자랐거나, 그런 신념이 담긴 가정교육을 받고 자란 아이는 부모처럼 자신의 전능함에 도취된 어른이 된다. 혹은 부모의 기대에 부응하지 못했다는 죄책감을 가진 사람으로 자라게 마련이다.

자신이 그 분야에 대해 공부를 많이 해서, 교사보다 잘 알아서 교사의 교육활동에 간섭할 자격이 있다고 생각하는 사람 역시 오만의 성에 갇힌 사람일지 모른다. 공고한 성 위에서 내려다보는 사람에게는 교사의 전문성도 하찮아진다. 그런 사람에게는 교사의 권위가 법적으로도 보호받고 있음을 인식시키는 수밖에 없다.

이런 이유로 교권을 보호하는 법안 마련이 중요하다. 교사들은 집회에서 교권을 지나치게 침해하며 무고한 아동학대신고 등에 악용될 수 있는 법 조항들을 개정해야 한다고 외쳤다. 대표적으로 개정을 요구했던 법은 〈아동학대범죄의 처벌 등에 관한 특례법(아동학대처벌법)〉과 〈아동복지법〉이다.

〈아동학대처벌법〉에는 "누구든지 아동학대범죄신고자 등에게 아동학대범죄신고 등을 이유로 불이익조치를 하여서는 아니 된다"라고 되어 있어 무고하게 아동학대 신고를 한 경우에도 무고죄를 물을 수 없다. 또 의심만으로 신고가 가능하고 아동학대행위자를 피해아동 등으로부터 격리하도록 되어 있어 일단 아동학대 신고가 접수되면 가해자로 지목된 교사는 즉시 교실 내 교육활동을 할 수 없게 되고 장기간의 수사를 받아야 한다.

실제로 학대를 당하는 아동이 있을 시 신고자의 신변을 보호하고 아동학대범죄자는 아동으로부터 격리되어야 한다. 그러나 훈육과 지도가 업인 교사라는 점은 신중히 고려되어야 한다. 아동학대 혐의로 신고된 교사 중 실제로 검찰에 기소되는 비율은 1.6%[2]라는 수치를 보면, 무분별하게 신고하는 사례가 많다는 사실을 알 수 있다.

〈아동복지법〉은 제17조 제5항에 아동의 정신건강 및 발달에 해를 끼치는 정서적 학대행위를 금지조항으로 명시했다. 교사의 정당한 지도행위도 아이가 상처를 입었다며 '정서적 학대행위'로 신고하는 경우가 많아 '기분상해죄법'이라는 별칭이 생겼다.

서이초 교사 사망 사건 이후 교사의 정당한 생활지도는 아동학대로 보지 않으며 이를 보호해야 한다는 교사들의 절규를 반영하여 2023년 9월 21일에 일명 '교권 4법'이 국회 본회의에서 통과되었다. 정당한 사유가 없는 한 교사의 직위를 해제하는 처분을 금지하고, 교육활동을 침해하는 행위는 은폐될 수 없으며(〈교원의 지위 향상 및 교육활동 보호를 위한 특별법〉 개정안), 교원의 정당한 생활지도는 아동학대로 보지 않고, 학생 보호자가 교직원이나 학생의 인권을 침해하는 행위를 금지하며(〈초중등교육법〉 개정안), 유아교육기관에서도 정당한 생활지도는 아동학대로 보지 않고(〈유아교육법〉 개정안) 부모 등 보호자가 학교의 교육활동을 존중하고 협조해야 한다(〈교육기본법〉 개정안)는 조항이 신설되었다. 이는 분명히 진일보한 결과이나, 여전히 〈아동복지법〉의 정서적 학대행위에 관한 보완은 필요하므로 앞으로도 논의가 이어져야 한다.

'정당성'은 도덕의 관점이고 '죄'는 법의 관점이다. 법을 적용하기 전에 윤리적으로도 정당한 요구인지 여러 관점에서 숙고해야 법을 집행할 때 억울한 피해를 줄일 수 있다. 교사들은 그런 시스템을 마련해달라고 외쳤던 것이다.

무엇이 교사를 체념하게 하는가

"올해만 잘 버티면 내년에는 또 새로운 아이들을 만날 거라는 희망이 있었어요. 그런데 이상하게 최근 몇 년 전부터는 내년에는 더하면 더했지 더 나아지지는 않을 거라는 두려움이 있어요. 저만 그런 건 아닌 거 같아요." 13년 차 초등교사 전유미

교사로서 효능감은 학생에게 교사의 교육이 효과가 있는지, 학부모와 교사로서 소통할 때 진지하게 받아들여지는지에 따라 크게 달라질 수 있다. 최근에는 특히 학부모의 행동으로 아이에 대한 노력을 줄이게 되었다고 말하는 교사가 많다.

"아이에게 좀 전문적인 조치가 필요할 것 같아서 상담 때 조심스럽게 ADHD 검사를 받아보는 게 좋겠다고 부모님께 권했어요. 그런데 부모님 얼굴이 붉으락푸르락 달아오르며 몹시 불쾌해하시더라

고요. 제가 무슨 모욕을 줬다는 것처럼요. 지금까지 담임선생님 중에는 그런 말을 한 사람이 없는데 선생님이 뭘 보고 우리 애를 그렇게 비정상적인 애로 단정하냐는 말까지 하셨어요. 교사는 아이가 지원을 받을 수 있도록 하는 게 당연한데, 그렇게 불쾌해하시니 그냥 그 아이에 대해서는 포기해야겠다는 생각이 들더라고요." **9년 차 초등교사 이종현**

교사가 학생에게 필요하다고 느끼는 일을 학부모와 의논하지 못할 때, 교사의 교육적 의도는 갈 길을 잃는다. 교사가 아이에게서 ADHD의 가능성을 보았다는 말이 아이를 무능하게 보거나, 존재 가치를 부정한 것이 아닌데 그렇게 느끼는 학부모들이 있다. 어긋난 초점은 본질을 보지 못하게 한다.

교육은 아이의 성장에 중점을 두어야 한다. 그런데 부모의 체면이나 관념에 따라 아이들에게 필요한 조치가 미뤄지거나 거부될 때, 교사는 무력함을 느낀다. 미국에서는 학부모에게 권고한 사항이 지켜지지 않아 아동이 적절한 조치를 받지 못하는 경우, 부모가 아동학대와 방임으로 고발되기도 한다. 우리나라는 가족주의가 강해서 가족의 일에는 교사라도 개입하면 불편해하고, 모욕적으로 받아들이기도 한다.

아이가 학교 안팎의 적절한 지원을 받으며 수업에 참여할 수 있을 때, 교사는 그 효과가 극대화될 수 있도록 기꺼이 애쓴다. 그런 교사의 마음을 지치게 하는 데는 학부모의 아집이 작용하고 있지는 않은지 돌아봐야 한다.

자기결정권이 사실상 많지 않은 업무 환경에서 일하는 경우에도 교사는 자기 효능감을 느끼지 못한다.

> "코로나19 때도 그랬고, 늘봄과 같이 학교에 큰 영향을 미치는 정책이나 지침이 교사와 아무런 상의 없이 일방적으로 내려올 때, 나는 뭐 하는 사람인가 싶어요." **16년 차 초등교사 송희진**

코로나19가 기승을 부리던 2020년에는 일선 교사가 교육부의 지침을 공문보다 인터넷 뉴스로 먼저 접한 적이 많았다. 오죽하면 '네이버 공문'이라는 말이 나올 정도였을까.

> "그 당시에는 교육부, 교육청 지침만 하루 종일 기다릴 때가 많았어요. 학교마다 학생 수나 학교 여건이 다른데 꼭 그렇게 공통된 매뉴얼로 대응하려고 할 필요가 있었을까 싶어요. 게다가 교사가 해야 할 일이 너무 많았어요. 매일 자가진단 앱을 부모가 했는지 교사가 일일이 확인하고 교육청에서는 보고하라고 수업 중에 전화가 오고요." **16년 차 초등교사 박우영**

인터뷰에 참여한 한 교육부 관계자는 "학교자율권이 제대로 작동했으면 비상시 학교별 대응을 잘할 수 있었을 텐데 학교자율권이 제대로 부여되지 않고, 학교에서도 자율에 대한 적응이 되어 있지 않아 어려움이 있었던 것 같다"고 해석했다.

교육자치를 말하기는 하지만 정작 현장에서는 학교의 자율성도 인정되지 않을 때가 많다. 모든 구성원의 참여와 협의를 추구하는 혁신학교이거나 학교장의 특별한 철학이 없다면, 의사결정에 개별 교사가 영향을 미치는 경우가 많지 않다고 보는 시선도 있다.

"의사결정 구조 자체가 상명하달식이에요. 우리 학교는 토론이 있는 회의라고 해서 학년마다 교사들의 의견을 꼭 모아오라고 부장들에게 이야기하고, 부장들도 학년별로 모은 의견을 가지고 회의에 참석해요. 그런데 과정이 어떻든 결국 마음대로 결정해버리는 관리자들이 있죠. 또 학교에서 그렇게 해도 교육청에서, 교육부에서 공문 하나 내려오면 지금까지 논의한 건 다 무용지물이 되는 상황이 많아요." **25년 차 초등교사 오선희**

토론이 있는 교직원 회의는 2015년경부터 서울시교육청에서 학교의사소통 문화 개선을 위해 추진한 정책이다. 이를 위해 그 당시에는 '학교 내 각종 행정업무 획기적 경감, 전시성 행사 정비, 각종 위원회 통폐합'을 추진 과제로 설정했다. 8년이 지난 지금, 교사들이 처한 업무 현실을 보면 큰 변화가 없었던 듯하다.

"저희 교장선생님은 학부모 눈치를 엄청 보세요. 학부모들 사이에 이런 이야기가 있었다 하는 이야기도 많이 하시고요. 교장 모임만 다녀오시면 우리 지구 내 주변 학교에서는 뭘 했다고 학교 비교도 많이 하고 그때마다 이거 해라 저거 해라 하시죠." **14년 차 초등교사 모정현**

교사들은 자기결정이 불가능해진 현실에 익숙해 있었다. 그런 상황이 오래 굳어져 온 교직 문화 속에서 교사들은 무력함을 느낀다.

자기결정은 개인의 정체성 형성에 큰 영향을 미친다. 특히 사회적 규범 안에서 자기 결정을 할 수 있을 때, 우리는 올바른 사회적 정체성을 형성한다. 교사에게도 자기 결정의 경험과 효능감이 자기 인식을 만들어낼 텐데, 그럴 기회가 많지 않으니 정체성 자체가 대내적으로나 대외적으로나 모호하다. 자기결정권이 있다고 느낄 수 없는 교사가 어떻게 잠재력을 펼칠 힘을 내며 자신의 업에서 존엄과 행복을 느끼고 가르치는 일에 집중할 수 있을까?

사람들은 연금, 방학, 정년보장 등 교사라는 직업이 가진 외적인 요소에 주목한다. 그러나 정작 교사들은 하루하루 자신의 정체성에 대해 묻고, 스스로를 의심하고, 낙담한다. 명예퇴직은 교직 경력이 만으로 20년이 되어야 할 수 있다. 그 이전에 퇴직하면 '의원면직'이라고 한다. 명예퇴직을 하면 받을 수 있는 수당과 혜택을 포기하고도 의원면직을 하는 사람들이 있다는 말은, 교사라는 직업이 가진 외적인 조건이 다가 아니라는 뜻이다.

전이슬 씨는 15년 차에 의원면직을 하고 성인 대상 코칭프로그램을 하는 강사로 전향했다.

"코로나19 발생 이후 오랜만에 저학년을 맡으며 민원의 빈도와 강도가 많이 세졌다는 생각을 하게 되었어요. 2022년에는 학부모 민원에 시달려 정신과를 다녔죠. 서이초 사건 이후로 며칠을 울고 있으니 남편이 '그렇게 학교로 돌아가는 게 힘들면 돌아가지 않아도 된다'고 하더라고요. 그 말에 힘입어 다음 날 바로 의원면직을 신청했어요. 학교를 그만두기 전에는 두려운 마음만 컸는데, 오히려 나오고 나니 다양한 곳에서 성장할 기회를 찾을 수 있었어요. 물론 불안할 때도 있지만 주체적으로 움직이고 결정할 수 있는 지금이 훨씬 살아 있는 느낌이 들고 무엇보다 재미있어요." **전직 초등교사 전이슬**

교직에서 자기결정이 불가능하다고 느낀 사람들은 이미 의원면직을 선택하고 있다.

교사가 학부모에게 바라는 것

미국의 가정통신문이라는 글이 인터넷 커뮤니티에서 퍼졌다. 아래 내용은 미국의 한 학교에서 교실 입구에 붙여놓고 가정으로도 보낸 가정통신문 내용이다.

미국의 가정통신문

"안녕하세요" "부탁합니다" "환영합니다" "미안합니다" "고맙습니다"와 같은 아주 유용한 표현들은 모두 가정에서 배우기 시작해야 함을 알려드립니다.

또한 아이들은 가정에서 정직함, 약속시간을 지키는 것, 부지런함, 동정심을 표현하는 것, 어른과 선생님을 존중하는 것 역시 가정에서 배워야 합니다.

청결하고, 음식을 먹으면서 말하지 않으며, 어디에/어떻게 쓰레기를 버려야 하는지는 가정에서 배우게 됩니다. 또한 정리와 계획하는 방법, 소지품을 잘 관리하는 법, 아무 때나 다른 사람을 만져서는 안 된다는 것도 가정에서 배웁니다.

여기 학교에서는 언어, 수학, 역사, 지리, 물리, 과학 및 체육을 가르칩니다. 우리는 단지 아이들이 부모님에게서 받은 교육을 한층 더 심화해줄 뿐입니다.

Dear Parents,

We would like to remind you that magic words such as "Hello", "Please", "You're welcome", "I'm sorry", and "Thank you", all begin to be learned AT HOME.

It's also AT HOME that children learn to be honest, to be on time, diligent, show friends their sympathy, as well as show utmost respect for their elders and all teachers.

HOME is also where they learn to be clean, not talk with their mouths full, and how/where to properly dispose of garbage. HOME is also where they learn to be organized, to take good care of their belonings, and that it's not ok to touch others.

HERE AT SCHOOL, on the other hand, we teach language, mathematics, history, geography, physics, sciences, and physical education. We only reinforce the education that children receive AT HOME from their parents.

우리나라 번역문에서는 첫 번째 문단에서 '알려드립니다'라고 되어 있지만, 원문에서는 'remind'라는 단어를 썼다. '부모라면 이미 알고 있겠지만, 다시 한번 짚어준다'는 뜻으로 더 엄중하게 느껴진다. 미국의 가정통신문에서는 가정의 역할을 매우 강조한다. 모든 책임이 학교에 있는 것처럼 인식되는 한국과는 대조적이다.

2023년 가을, 국민신문고에 올라온 내용을 두고 네티즌 사이에 갑론을박이 펼쳐졌다. 기사에 따르면 민원인은 "제발 집에서 탕후루 유튜브 보면서 따라 만들지 말라고 학교에서 경각심을 일깨워줬으면 좋겠다. 저희 아이들이 (안전하게) 클 수 있도록 교육청 차원에서 신경을 써주셨으면 좋겠다"고 제기한 것으로 되어 있다.

아이들이 안전하게 자라는 데 학교의 관심과 지도는 중요하고, 탕후루가 유행이니 한번 짚어줄 수는 있다. 그러나 안전교육의 시작점이자 기본은 가정이어야 한다. 미국의 가정통신문에 직접적으로 안전에 관한 말은 없지만, 생활 주변에서 다치게 할 수 있는 위험요소나 안전 수칙에 대한 인식은 가정에서 먼저 시작되어야 한다는 메시지가 담겨 있다.

안전에 대한 기본 지식도 가정에서 배워야 할 것과 학교에서 배워야 할 것의 층위가 다르다. 가정에서는 상황에 따라 아이가 적절한 판단과 행동을 할 수 있도록 생활 지식을 알려주어야 한다. 만약 집에 혼자 있는 아이가 음식을 데워서 먹어야 한다면, 부모들은 전자레인지에는 스테인리스로 된 물체는 넣지 않는다는 사실을 가르쳐야 한다.

학교는 생활 상식에서 심화된 과학 지식을 배우는 곳이다. 예를 들어 학교에서는 과학 시간에 화학적으로 위험한 물질을 배우거나 연소의 조건을 배움으로써 화재를 예방하고 대처하는 과학적 리터러시를 배운다. 종이는 불에 잘 타니 불에서 멀리 두어야 하고, 인화성 물질을 불 옆에 두지 않아야 한다는 것이 가정에서 배워야 하는 기본 상식이라면, 학교에서는 그 인화성 물질이 왜 불에 쉽게 타는지, 타는 물질에 따라 불을 끄는 소화기의 종류는 어떻게 다른지 등을 좀 더 심화적으로 배운다.

학교에서 배워야 할 것과 가정에서 배워야 할 것을 구별하는 방법도 학부모 교육으로 다뤄야 하는지 고민된다는 어느 학교 교무부장 교사의 이야기도 공감이 된다.

교사도 학부모의 입장을 모르는 것은 아니다. 특히 학교에서 일하며, 학교의 역할을 잘 알고 있는 교사 학부모들은 교사의 스트레스가 학부모로 인한 것들이 많다는 점에서 안타까움을 느낀다. 교사와 학부모가 대립하는 듯한 상황이 되어버린 지금, 교사이면서 부모인 이들의 이야기에서 얻을 수 있는 것이 있지 않을까?

"우선 내 아이를 더 잘 키워야겠다는 생각이 들어요. 사실 아이의 문제 행동은 그해 그 아이를 맡아 가르치는 교사의 자질보다 가정교육의 부재 때문이라고 생각해요." **15년 차 초등교사 정현미**

"저는 문제 행동을 하는 아이와 악성민원 때문에 내 아이, 우리 담임선생님이 언제든 피해자가 될 수 있다는 생각이 들었어요. 학교 현장이 이렇게 무너졌다는 사실을 잘 모르거나 큰 문제라고 인식하지 못하고 계셨던 학부모님들도 이번 일을 계기로 문제의식을 갖게 된 것은 큰 변화라고 생각해요. 다만 이렇게 많은 교사가 집회에서 한목소리를 내는데도 실효성 있는 대책이 나오지 않는 것이 답답하고 막막하네요." **14년 차 초등교사 김은비**

이런 현실에서 학부모들의 인식 개선을 위해 SNS를 활용하는 교사들도 있다. 팔로워가 1만 명이 넘는 인플루언서로서 교권 문제를 집중적으로 다루고 있는 14년 차 초등교사 이종윤 씨는 왜 이런 활동을 시작하게 되었을까?

"학교폭력 업무를 6년째 담당하고 있는 교사로서 어려움에 처한 선생님들의 입장에 공감할 때가 많았습니다. 교사 입장에서 교권 문제를 정확하게 전달하려는 취지로 SNS 활동을 시작했어요. 시작할 때는 교사들이 많이 호응해줄 줄 알았는데 오히려 비교사 학부모가 더 적극적으로 호응하고 있어요. 우리 아이를 위해서, 대한민국의 미래를 위해서 공교육이 정상화되어야 한다고 생각하는 사람이 생각보다 훨씬 많다는 걸 알게 되었어요."

처음 교사를 시작했을 때와 비교하면 최근 체감되는 교직의 어려움은 어느 정도일까?

"2009년 5월에 발령을 받았는데 그때는 체벌이 있었어요. 지금은 교사가 말과 학급 운영으로만 지도를 해야 하는데, 단호하게 말을 해도 변화가 없거나 반항하는 모습이 아이들에게서 많이 보여요. 교사와 학생이 친하게 지내면서 즐겁게 배우고 가르칠 수 있으면 좋겠지만 현실에서는 선생님에게 대들거나 선생님을 위협하는 경우가 늘어난 것 같아요. 예전에는 아이들이 자기 위주로 학교 소식을 과장해서 전해도 부모가 그런 일에 문제제기를 하는 것을 거의 본 적이 없어요. 나의 대처나 교육방식을 학부모가 어떻게 생각할까 고민한 적도 없고요. 나와 아이들과의 관계만 집중할 수 있었다는 말이죠. 요즘은 무언가를 할 때마다 '이거에 대해 학부모가 이렇게 말하지 않을까' 하는 생각이 들어서 생각만으로도 학부모가 개입되는 상황이 많아요. 예전에는 아이들과 수업하다가 흐름에 따라서 계획하지 않았던 활동을 자유롭게 했는데 요즘은 학부모가 어떻게 반응할까를 생각하느라, 그런 게 없어졌어요."

학부모의 잦은 연락과 간섭, 반응을 신경 쓰는 것만으로도 학생과 자유롭게 몰입하는 것이 어렵다면, 우리는 무엇을 잃어버리고 있는 걸까? 그것도 모든 것이 학부모가 안심하는 상황에서만 이루어져야 한다면.

"학부모가 되어 부모 입장을 더 잘 이해하게 된 점도 있지만 오히려 학부모이기 때문에 도무지 이해가 안 되는 부분도 있어요. 가령 과제를 냈는데 가정 지도가 이루어지지 않았을 때, 집에서 아이들을 학교에 보내고 돌보려면 부모가 얼마나 고생하는지 아니까 이해하게 되는 면도 있죠. 반대로 학부모로서 생각해봐도 '아, 이건 당연히 해야 하는데 왜 이걸 안 해주지?' 하고 의문이 드는 것도 있어요."

교사이자 학부모인 사람들은, 부모가 가정에서 해줘야 할 기본을 해주길 바란다. 교사를 믿고 맡기되 가정에서도 제몫을 해주길 바란다. 'HOME, 가정'이라는 말 안에는 아이가 학교에 가기 전에 배워야 할 것을 배우는 교육 공간, 부모가 부모의 몫을 해야 할 공간이라는 의미가 담겨 있다.

교사가 침묵해온 이유

그동안 세상에 잘 알려지지 않았던 사건들이 한꺼번에 드러났다. 그간 교사들이 각자가 처해 있는 문제를 터놓고 이야기하지 못했기 때문이다. 희생과 헌신을 교사의 미덕으로 보는 사회 분위기, 연공서열이 강조되는 조직 안에서 교사 각자가 솔직한 발언을 하기란 쉽지 않다.

'사람을 사람답게 만드는 일'은 숭고하고 남다른 봉사 정신이 필요하며 어떠한 처우에도 끝없이 인내해야 한다는 통념이 있다. 교사가 "내가 그 애를 사람 만들었다"고 하는 표현은 자신이 교사로서 헌신한 끝에 학생에게 큰 변화가 있었다는 보람을 훈장처럼 여기는 문화를 보여준다.

학교는 보수성과 폐쇄성이 큰 관료제 조직이다. 문서를 기반으로 하는 상명하복 시스템이 단단한 구조로 되어 있는 관료제이기에 큰 변화를 만들기 어렵고 외부에서는 안에서 일어나는 일을 쉽게 알 수 없다.

　연령대와 경력이 다른 교사가 모두 평교사라는 하나의 층에서
동료로 지낸다. 언뜻 보면 평교사여서 평등한 것 같지만 암암리에
위계서열이 있다. 극소수만이 승진하는 체계이기에 다른 조직보
다도 근속연수, 연령에 따라 힘이 분배되는 연공서열의 조직이다.
지역과 구성원에 따라 그 정도가 심하거나 덜한 차이가 있을 뿐이
다. 또 오래전부터 학교라는 기관 안에서 이어져 내려온 틀이 있어
서 경력이 짧거나, 신규로 유입된 소수의 사람은 순응하며 기존 체
제에 동화될 수밖에 없다.

　이런 조직 문화 안에서 무고하게 아동학대로 몰려도 해당 교사
는 "그냥 사과하고 넘어가라"는 소리를 듣는다. "우리 때는 안 그랬
는데 요즘 선생님들은……"이라며 젊은 교사의 대응이나 교육방
식에서 문제 원인을 찾는 선배도 종종 있으니, 경력이 상대적으로
짧은 교사는 기댈 곳이 없다고 느끼기도 한다.

> "선배교사나 관리자들이 '선생님이 이런 식으로 하니까 학부모가
> 그러지'라고 하실 때, 정말 답답합니다. 본인들이 초임 시절을 잘 지
> 난 것이 본인의 능력이라고 믿으시는 것 같아요. '그때의 나는 지금
> 의 너보다 부지런했고, 노력했다'는 논리로요. 출근하면 교실에 오
> 셔서 '이제 오면 어떡하냐' '옷을 그렇게 입으니 학부모 클레임이 많
> 다' 같은 말로 눈치를 주기도 해요." 3년 차 초등교사 양은솔

교직사회 내에서조차 자유로운 발언과 다양성이 허용되지 않

는다고 느끼는 교사가 많다.

교사가 느끼는 어려움을 학교 밖에서 제대로 알지 못했던 이유에는 사회적인 배경도 있다. IMF 이후 안정적인 직업을 선호하면서 상위권 학생들이 교대 등 교원양성기관으로 쏠렸고, 사회 전체적으로는 2000년대 이후 무한경쟁의 사회로 돌입하며 빈익빈부익부가 심화되었다.

이런 상황에서 정년이 보장되고, 정부가 망하지 않는 한 급여를 받을 수 있으며 실적 압박이 적은 교직은 편한 직업이라는 인식이 높아졌다. 사회에서 안정적인 급여를 받기 힘들고, 복지제도가 열악한 일자리가 늘어날수록 교직을 바라보는 세간의 시선은 점점 더 매서워졌다.

또 지금 사회의 중심축을 이루고 있는 30, 40대의 기억 속에는 학창시절, 폭력으로 학생을 다스리거나 지위를 남용하는 교사의 이미지가 남아 있다. 교사로서 덜 성숙하고, 수업 전문성은 부족한 '교사 같지 않은 교사'가 있어 교사를 교원 제도 안에 안주하며 호의호식하는 존재로 보는 시선이 굳어졌다.

아울러 사교육 시장은 커지는데 학교는 무력해지고 있다는 증거가 속출했다. 학교는 학교폭력이 끊이지 않는 공간이 되었다. 교사는 행정업무로 동분서주하고 학교폭력과 민원에 치이면서 수업에만 집중할 수 없게 되었다. 이런 상황에서 교사는 점점 학생의 성장에 별 도움이 되지 못하면서 혜택은 많이 받는 존재로 인식되기에 이르렀다.

교사는 다음 세대를 육성하는 일을 가치 있게 여기며 이로써 사회에 공헌한다고 믿는다. 교사의 노력으로 학생이 성장한 모습을 보일 때 보람과 기쁨을 느낀다. 이를 위해 헌신하고 인내하는 교사도 많은데 이러한 선의를 사회나 조직이 이용할 뿐이라면, 결국 선의를 베푼 사람에게 착취가 된다.

아들러는 이와 같은 경우를 '공헌감의 착취'라고 명명했다. 권리를 찾으려는 교사에게 "교사가 헌신할 줄 모르네" "선생님, 아이를 생각하셔야죠"라고 종용하는 것도, "당신 교사잖아"라는 말로 회유하는 것도 모두 같은 맥락이다. 그렇게 말하는 이들에게는 교사라는 직함 뒤에 묻혀버린 인격체가 보이지 않는다. 교사라는 이름으로 취사선택된 당위성만 보인다.

실제로 희생정신을 체화하며 사는 교사가 많다. 학부모의 악성민원과 무고로 힘들어도 학생에게 피해가 가는 것을 원하지 않는다며 사건을 종결하는 교사의 이야기가 지금도 언론에 종종 나온다.

교사 역시 하나의 인격체임에도 자신이 느끼는 것을 솔직하게 드러낼 수 없다. 학생들이 자신을 지켜보고 있기 때문이다. 요즘은 학부모의 수많은 민원에 맞춰야 한다는 강요를 받으며 감정노동에도 시달린다. 또 학교 여건에 따라 강도 높은 잡무를 병행해야 하는 교사가 많다. 교사 역시 노동자로서 그들의 노동 가치와 감정을 온전히 인정받아야 하나, 교사라는 이유로 평가절하 되고 있다.

그동안 많은 사람이 교사의 근무 여건과 스트레스가 어느 정도로 심각한지 몰랐던 이유는 사회 전체가 교사라는 존재에 대해 보고 싶은 것만 보았기 때문이다.

나는 검은 점이다

서이초 교사 사망 이후 있었던 첫 집회에 5천 명이 넘는 교사가 모였다. 생각보다 많은 사람이 모였다는 점, 특정 단체의 주최가 아니라 교사 커뮤니티 내부 안에서 일어난 자발적인 의견 공유로 시작된 집회라는 점, '서이초 진상 규명' '교권 침해에 악용되는 법 개정' '악성민원 처벌 및 차단'과 같은 목소리를 직접 냈다는 점은 교사들을 고무하는 계기가 되었다. 건국 이래 교사의 어려움에 사회가 가장 귀 기울이고 있는 시점이라는 점도 집회에 힘을 실어주었다.

"서이초 선생님의 일을 접하고 나서야 지금 내 상황이 얼마나 심각한가를 비로소 절감했어요. 뉴스를 보는데 '지금 나랑 너무 비슷하다. 나도 그런데, 내 상황이 그 정도로 심각한 거였구나' 하는 현실인식이 이제야 되었죠. 정신적으로는 죽어가고 있었던 거예요. 아마 서이초 선생님 일이 아니었으면 저는 제 상태도 제대로 모르고

있다가 무슨 일이라도 있었으면…… 진짜 방아쇠가 당겨지듯 어떻게 됐을지 모르죠." 7년 차 초등교사 주시연

체념하고 혼자서 삭여온 일이 스스로를 죽이는 일인지 몰랐다는 말은 교사의 현실 인식을 보여준다. 7년 차 교사인 주시연 씨는 교직이 아닌 새로운 일을 하기엔 멀리 온 것 같고 이 길을 끝까지 가기엔 너무 막막하다고 했다. 실제로 이런 이야기는 5~10년 차 교사와의 대화에서 자주 나왔다.

"이번 일을 계기로 공교육 정상화가 이루어지길 바라는 마음과 동시에 이직, 면직을 해야겠다는 쪽으로 생각이 기울고 있어요. 5년 안에 교직을 탈출하는 것을 목표로 하려고요." 10년 차 초등교사 유지현

최근 20~40대 교사 중 상당수가 이직이나 퇴직을 현실적으로 고려하고 있다고 한다. 그런 상황에서도 마지막 끈을 놓지 않고 집회에 나가 공교육 정상화를 외친 교사가 많았다.

실제로 교사 자살 사건 뉴스를 연이어 접한 교사들은, 앞으로도 동료를 잃을 수 있으며 본인도 안전할 수 없다는 생각을 하면서 이런 질문을 하게 되었다고 한다. '나는 나 자신과 동료에 대한 책임을 다하고 있었는가? 지금 내가 할 수 있는 일은 없는가?'

"저는 아동학대로 무고하게 신고당한 선생님이나 서이초 선생님처럼 악성 민원에 시달린 적은 아직까지 없지만 언젠가 저도 겪을 수

있다는 생각은 늘 들었어요. 내가 지금 아무것도 하지 않으면 그 결과가 나에게 돌아올 거라는 두려움도 있어요. 교사로서 일하는 동안에는 내 책임을 다하려고 해요." **14년 차 초등교사 박효식**

집회를 자주 나가지 못하는 교사도 힘을 보태야겠다는 결심을 하거나 동료 교사에게 마음의 빚이 있었다. 그래서 한 번을 참여하더라도 조금 더 힘이 되고 싶다는 마음에 스태프로 참여하는 교사도 있었다.

"추모집회에서 질서유지인으로 참여한 이유는 그리 거창하지 않아요. 뜨거운 아스팔트 위에서 목청이 터져라 외치는 동료에게 미안해서였어요. 저는 희생된 선생님들에게도, 변화를 위해 외치는 분들에게도 늘 미안한 마음이 있었어요." **18년 차 초등교사 송지형**

"회사원인 남편과 함께 초등학교 3학년 아이와 일곱 살 된 아이를 데리고 나갔어요. 초등학생만 되어도 학교가 어떤 상황인지 알아야 한다고 생각했거든요. 아이들도 학교에 다니면서 친구나 자신의 모습을 알잖아요. 아이들도 상황을 알고 학생으로서도 노력하고, 현실을 바꾸려고 노력하는 사람들에 자신이 속했다는 경험도 하게 하고 싶었어요." **16년 차 초등교사 김희수**

집회에 나간 교사들은 교사로서의 삶을 여전히 포기하지 않은 사람들이었다. 또 그들의 자녀에게도 지금 우리가 겪고 있는 시대적 과제를 보여주고 공유해야 한다고 믿는 사람들이었다. 교사 집회에는 어린 자녀를 데리고 온 가족도 참여할 수 있도록 가족배려석이 있었다.

권위에 순종하는 전통적 가치관과 남북의 이념이 나뉜 역사적 특성 때문에 우리나라는 유난히 '운동권'에 대한 반감이 높다. 또 교원단체가 합법이 되기까지 노동자로서 권리를 찾으려고 투쟁했던 교사들이 있었고 그에 대한 여러 의견과 선입견이 있는 것도 사실이다. 지금까지도 교사 개인에게 그와 같은 시각이 적용되기도 한다.

그러나 요즘 교사들은 특별히 어떤 단체에 들어서라거나, 사상이 독특해서 '운동'을 하는 것이 아니다. 특정 단체에 속하지 않아도 일하는 존재로서 노동자의 권리를 근본적으로 가졌다고 인식하기 시작했으며 오히려 자신들을 어떤 색깔로 규정하고 판단하는 외부의 시선을 거부한다.

"교사들의 집회는 분노하고 염원하는 개개인이 모인 거예요. 정해진 리더가 없어도 촬영 팀, 진행 팀과 같이 필요한 역할을 자발적으로 하면서 거대한 집회가 매번 추진되고, 성공적으로 마무리되잖아요. 자신을 하나의 작은 점으로 생각하면서 같이 역사를 바꿔가는 역할을 한다는 기쁨만 누리는 거예요. 어떤 명예욕이나 사욕 없이요. 그런데 이런 교사의 움직임에 색깔을 입히고, 특정 단체라고 몰아붙이면서 억압하는 게 가능할까요? 교사도 변했고, 시대도 변했어요. 집회마다 패들렛(온라인 협업 보드)으로 수천 명의 의견을 자유롭게 모아서 진행 계획을 세워요. 이런 게 진짜 민주주의죠. 성숙한 시민의식이고 책임의식이고요. 이제는 이런 교사의 움직임을 바라보는 시각이 바뀌어야 한다고 생각합니다." **8년 차 초등교사 노희석**

교사가 전문직으로서 높은 신뢰와 존경을 받는 핀란드에서는 교사노동조합의 가입률이 98%에 달한다. 또 교사 출신 국회의원이 10%에 이른다.[3] 교사가 노동조합에 가입해도, 정치활동을 해도 얼마든지 좋은 교육을 하고 사회의 신뢰를 받을 수 있다는 점을 증명해주는 외국 사례가 얼마든지 있다.

우리나라도 노조에 가입하는 교사 수가 서이초 사건 이후 급증했다. 2023년 7월부터 9월까지 교사노조 가입률이 서이초 사건 직전에 비해 30% 정도(약 4만 명) 늘었다. 교사노조연맹의 조사 결과에 따르면 2023년 9월 기준, 우리나라에서 교사노조에 가입된 교사의 수는 11만 명이 넘었다고 한다. 이 중 30대가 38.2%, 20대가 27.8%다.[4] 무려 교사 노조 가입 교사의 66%가 20, 30대 MZ 세대 교사이므로 앞으로 교사의 노조 활동이 더욱 커지고 활발해질 것으로 예측된다. 그들은 특히 밴드나 단톡방을 이용해 실시간 교류와 단합을 무기로 활동하는 새로운 교사 연대 문화를 창조하고 있다.

교사들은 사회적 연대를 꿈꾸며 현장에서 실천하고 있다. 이는 성숙한 민주주의가 가능하고, 참여가 가능하고, 비폭력적으로 목소리를 내는 일이 가능함을 보여준다. 교사라는 이유로 교사의 표현을 막고 손발을 묶었던 편견의 시선을 이제는 거둘 때다.

느린 아이와
똥 묻은 팬티와 문자

2023년 10월, 직장인 익명 커뮤니티에 〈1학년 담임인데 애가 학교에서 똥 싸고 똥을 잘 못 닦았나 봐〉라는 글이 올라왔다. 아이가 집에 와서 보니 아이의 항문 주변에 대변이 많이 묻어 있었는데 온종일 그러고 다녔을 거 생각하면 가슴이 찢어진다며 학부모가 교사인 자신에게 주말에 문자를 보냈다는 사연이었다.

이 글의 글쓴이와 네티즌들은 "그러면 앞으로는 대변 뒤처리를 해주겠다거나 팬티 검사를 하겠다고 해야 하냐"며 해당 학부모를 비판하는 의견을 쏟아냈다. 또 "아이가 화장실에 갈 때마다 '선생님 똥 닦아주세요'라고 해서 스트레스가 많다"는 하소연도 이어졌다.

그림책 《1학년이니까 할 수 있어요!》를 만들면서 1학년 담임교사에게 '입학할 아이에게 가정에서 꼭 지도해야 하는 것이 무엇인지'를 물었는데, 가장 많이 나온 답변 중 하나가 '용변 뒤처리 스스로 하기'였다. 이는 학교에 다니는 1학년생으로서 갖춰야 하는 자조 능력이다.

> "그렇게 생각하지 않는 학부모가 생각보다 많아요. 2학년인데 아직 아이가 뒤를 못 닦으니 좀 도와달라고 당연하다는 듯 말하는 분이 저희 반에도 있거든요. 우리 아이가 좀 느리다, 느린 아이다, 하시면서 계속 '이해를 구한다'고 하세요. 물론 '느린 아이'가 있을수 있죠. 그런데 장애나 다른 이유가 있는 것도 아닌데 용변 뒤처리까지 당연하게 해달라고 하는 건 상식에 어긋나지 않나요?" **9년 차초등교사 김지현**

교사는 내가 지금 겪는 일이 상식으로 납득할 수 있는 일인지를 일일이 판단해야 할 때 괴롭고, 미묘하게 '내가 교사로서 아이들을 세심하게 살피는 자세나 능력이 부족한 사람처럼 취급받는다'고 느낄 때 난감해진다. 게다가 용변 뒤처리 같은 일은 가정에서 배우고 와야 하는 것이 아니냐는 생각이 들면 부모가 할 일을 교사에게 전가하는 것 같아 마음이 답답하고 불편해지기도 한다.

아이는 자기 속도에 맞춰 자란다. 그러나 아이의 상태가 부모로서 아이의 발달단계에 맞게 가르칠 의무를 저버린 결과인지, 아닌지를 교사가 일일이 판단하고 학부모에게 요구해야 한다면 그것도 교사에게 큰 부담이자 소모적인 일이다.

최근에는 '느린 아이'라는 말이 정말로 도움이나 배려가 필요한 아이를 존중하는 의미를 넘어, 지나친 배려와 돌봄을 요구하는 말로 자주 쓰인다. 느리지 않을 수 있는 아이인데도 배려를 요구하기 위해 '느린 아이'라는 표현을 남용하는 부모가 많다. 느린 아이라는 말은 '느린 학습자'의 의미일 때에 한해 신중하게 쓰일 필요가 있다.

느린 학습자란 예전에는 '부진아'라는 말로 통칭했던, 즉 '학습 목표에 도달하지 못한 학습자'를 대체하는 말로 쓰이고 있지만 정확하게는 학습부진아와 조금 다른 개념이다.

아동심리전문가 박찬선은 《느린 학습자를 위한 문해력》에서 학습부진아와 느린 학습자를 구별하여 설명한다. 학습부진아는 심리·정서적 원인이 있고, 학습 동기가 낮으며 공부 습관이 잡히지 않아 학습목표에 이르지 못한 학습자를 말한다. 느린 학습자는 선후천적인 원인으로 경증 지적 장애(IQ 55~69)가 있거나 경계선 지적 지능(IQ 70~84)인 학습자, 또는 ADHD(주의력 결핍 과잉행동 장애)와 같은 학습 장애가 있는 학습자를 말한다.

느린 학습자는 당연히 전문적인 고찰과 배려, 지도 방법이 필요하다. 아울러 느린 학습자가 지니고 있는 심리적 부담과 정서에 대한 이해도 필요하다. 느린 학습자는 학습과 생활 면에서도 개별화된 도움이 필요한 경우가 많아서 또래와 다른 발달 상태를 교육자가 늘 염두에 두고 대처해야 한다.

그러나 부모가 일방적으로 명명한 '느린 아이'는 다르다. 심리적, 신체적으로 의학이나 교육학적 관점에서 또래와 특별히 다른 이유가 없는데도 단순히 행동이 느리다는 이유로 주변에 이해해 달라고 요구한다면 그것은 이기적인 행동이 될 수 있다. 부모가

'느리다'고 생각하는 걸까, 아니면 정말로 느린 걸까?

"요즘 1학년한테는 흔한 일이에요. 아이들도 예전보다 정신연령이
더 어려지고, 부모들도 그걸 당연하게 여기는 분위기가 된 것 같아
요. 우리 학교의 병설 유치원에는 여섯 살인데도 기저귀를 찬 아이
가 있어요. 기저귀를 차야 할 특별한 이유가 있는 아이도 아닌데 말
이죠. 유치원 선생님이 그 부모님께 이제 기저귀는 떼고 다녀야 한
다고 하니, 어머니가 아이가 스스로 뗄 때까지 기다리겠다고 한대
요. 스스로요? 언제까지요? 아이가 어느 시기에 해야 할 것들을 아
예 모르면 그걸 부모가 해줘야 하는 거 아닌가요? 부모의 역할을 단
지 기다림이라고 여기는 부모들이 있어요." 18년 차 초등교사 이희정

아이는 해당 발달 단계에 적응할 몸과 마음의 준비가 되어 있는
데, 부모의 판단으로, 부모만의 무한한 이해심으로, 불필요한 '발
달 지연'을 만들기도 한다. 아이를 존중하고, 아이의 속도대로 키
우는 것이 부모의 미덕이라는 분위기가 자리 잡은 최근에 그런 경
향이 더 강해졌다.

대학교에서도 부모가 자녀 대신 수강 신청을 하거나 성적 문제
로 항의 전화를 하는 경우가 많아, 대학생의 정신연령이 성인답지
못하다는 지적이 많이 나오고 있다. 실제로 과사무실에 '여러분은
성인이니 부모님 전화 오게 하지 마세요'라고 붙어 있는 곳도 있다.
학교급마다 학습자들이 모두 예전보다 정신 연령이 더 어려진 상
황이라고 이해해야 할까?

이런 분위기 속에서 내년이 더 이상 기대되지 않아 명예퇴직을 신청한 31년 차 교사가 있다. 주유헌 씨는 17년 전에 이미 "아이 팬티에 똥이 잔뜩 묻었는데 몰랐냐"고 묻는 학부모의 항의 전화를 받았다고 한다. 그는 17년 전이나 지금이나, 자기 아이밖에 생각하지 못하는 부모는 있다고 말한다.

> "교사는 최선을 다하려고 하면 끝이 좋지 않아요. 그것도 아주 불명예스럽게 끝이 나죠. 교사가 열심히 해서 아이를 가르치려고 하면, 부모가 항의하니까요."

주유헌 씨는 인터뷰를 한 날 명예퇴직 신청서를 제출했다. 앞으로 더 나아질 거라는 희망이 없다고 했다.

> "교육이라는 건, 아이들에게 의도된 변화를 일으키는 일이잖아요. 그런데 해가 갈수록 아이들에게 내가 영향을 미치고 있다는 느낌이 들지 않아요. 교사로서 의도적인 변화를 끌어낼 수 있는 능력이 소진된 것 같아요."

교사로서 더는 영향력을 미칠 수 없다는 것은 교사 자신의 내적 문제일까, 아니면 외적 문제일까?

> "요즘은 아이가 학교에서 있었던 일을 부모에게 말하면, 부모는 대개 '선생님한테 엄마가 이야기할게, 엄마가 전화할게,' 이런 식으로

반응하는 경우가 많은 것 같아요. 아이는 부모의 그런 말을 듣거나 부모가 학교에 찾아온 후 교사나 학급에 어떤 변화가 있으면 '우리 엄마가 이겼다'고 생각하는 거죠. 제가 해가 갈수록 많이 느끼는 건, 부모의 개입이 점점 많아지는 데다 부모가 일단 개입한 이후에는 그 아이에 대한 교사의 영향력이 눈에 띄게 떨어진다는 거예요. 부모가 한번 학교에 왔다 가면 교사의 말이나 행동이 더는 아이에게 먹히지 않아요."

부모가 부모로서 마땅히 가르쳐야 할 것을 아이에게 제때 가르치기, 교사가 할 수 없는 것을 요구하지 않기, 교사와 학생 사이에 함부로 끼어들지 않기. 이 세 가지가 아이를 스스로 성장하게 하며 교사에게는 교육을 포기하지 않게 한다.

우리가 바라보는 선생님과 학교

인터뷰이 정보

> **김선우** 서울 소재 A 초등학교 5학년 여학생. 태권도를 좋아함.
> **이하연** 서울 소재 B 초등학교 5학년 여학생. 피아노 연주를 좋아함.

Q 5학년이 거의 끝나가요. 5학년 학교생활을 돌아보면 어떤 생각이 드나요?

선우 5학년 성적이 엉망이어서 공부를 더 열심히 해야겠단 생각이 들어요. 6학년 공부는 더 어려울 텐데 걱정이에요. 솔직히 공부는 원래부터 어려웠지만요.

하연 4학년쯤부터 확실히 수학은 더 어려워진 것 같아요. 다른 공부는 괜찮았어요.

Q 학급 분위기는 어떤가요?

하연 5학년 때 친구들을 잘 만나서 친구들과 잘 지내고 남자 아이들과도 잘 놀이요. 다른 고민은 특별히 없어요.

선우 저희 반에 친구들 얼굴을 자꾸 억지로 만지는 아이가 한 명 있어서 여러 친구들이 그 아이를 선생님께 이른 적이 있어요. 보통 저는 제가 당하지 않으면 신경 쓰지 않는데, 그때는 저도 당해서 참기가 힘들었어요. 결국 나중에 다들 화해하긴 했어요.

Q 그럴 때 선생님의 반응은 어땠나요?

선우 선생님이 반 아이들을 다 모아서 그 문제를 차분히 이야기하시며 해결하려고 노력하셨어요. 친구들도 저도 좋은 방법이라고 생각했던 것 같아요.

Q 학교 선생님에 대한 느낌이나 생각을 자유롭게 말해주세요.

하연 전 아직 무서운 선생님을 못 봤어요. 거의 다 친절하셨어요.

선우 대체로 선생님들은 친근하게 대해주세요. 다 여자 선생님셨고요. 이번 담임선생님만 좀 딱딱한 면이 있으세요. 가끔 차가울 때가 있어서 좋은 사람인지 헷갈려요.

Q 어떤 면에서 선생님이 차갑다고 느꼈나요?

선우 제가 질문을 하는데 계속 대답을 안 해주세요. 쉬는 시간에 선생님한테 가서 무언가 여쭤봐도 들으신 거 같긴 한데 모르는 척하시는 것 같아요. 왜 그러시는지 이유는 모르겠어요.

Q 내가 좋다고 느낀 선생님에 대한 이야기를 해주세요.

하연 3학년 때 남자 선생님이 장난기가 많으셔서 수업도 재미있었어요. 여자 선생님들도 다 친절하고 재미있게 해주셨어요. (Q. 특별히 더 무서웠던 때는 없었어요?) 화나실 땐 다른 이유가 있거나 친구들이 잘못했을 때 선생님 목소리가 좀 커졌다가 다시 작아질 뿐 다 좋았어요.

선우 작년 선생님이 걸크러시 하셔서 좋았어요. 성격이 털털하고 착하셔서 같은 반 아이들도 모두 좋아했어요. 다시 그 선생님이 담임이 되셨으면 좋겠어요.

Q 선생님의 어떤 모습을 보고 착하다고 느끼나요?

선우 평소에 아이들을 대하는 모습을 보면 알아요. 지금 담임선생님은 급발진할 때가 있으세요. 이전 담임선생님은 잘못한 아이만 따로 불러서 타이르셨거든요. 말씀도 차분하게 하셨고요. 이번 선생님은 화를 버럭 내시는 걸 두 번 정도 봤는데, 그때는 정말 다른 사람이 된 것 같아서 솔직히 깜짝 놀랐어요. 처음에는 그래도 화를 조금은 억누르려고 노력하시는 것 같았는데, 두 번째는 소리를 지르며 화를 내시고는 바로 수업을 하셔서 좀 이상했어요.

Q 학생이 선생님한테 실망한다면 어떤 경우일까요?

선우 믿음이 깨질 때겠죠. 예를 들어 선생님이 약속을 안 지킬 때요.

하연 교과실 가야 할 시간인데 선생님이 다른 친구 혼내느라 늦어질 때가 있잖아요. 그러면 빨리 가긴 해야 하지만 선생님이 혼내느라 늦어졌는데 저희한테 빨리 가라고 막 재촉하시면 애들이 불만스러워 하긴 해요.

Q 어떤 선생님이 좋은 선생님이라고 생각하나요?

선우   일관성이 있어서 믿을 만한 선생님이 좋은 선생님 같아요.

하연   선생님들 모두 있는 그대로 괜찮으신 것 같아요. 인사를 친절하게 해주시면 좋고요. 반에는 규칙이 있는 게 좋아요.

Q 어떤 학교가 좋은 학교일까요? 내가 바라는 좋은 학교에 대한 의견을 말해주세요.

하연   안전하고 깨끗한 곳이요. 선생님들은 이 역할을 잘하고 있으신 것 같아요. 학교에서 교장선생님이나 교감선생님이 이벤트를 해주실 때가 있어요. 그러면 학교 가는 재미가 있어요. 교장, 교감선생님이 그렇게 해주시면 정말 좋아요. 모두 좋은 분들 같아요.

선우   다른 건 괜찮은데 급식실이 있었으면 좋겠어요.

Q 학교 안에서 학생의 인권은 잘 지켜지나요? 그 이유나 사례를 말해주세요.

하연   네, 잘 지켜지는 것 같아요. 놀 수 있을 때는 놀고 공부할 때는 공부할 수 있잖아요. 선생님들이 공부를 잘 가르쳐주시는 것 같아요. 교과서도 쓰고 준비한 자료도 쓰면서 수업을 잘 해주세요.

선우   저희 선생님은 주로 교과서만 써요. 인권은 잘 지켜지는 것 같아요. 시간표도 체계가 있고 놀이와 학습 다 잘하고 있어요. 선생님이 창의적 체험활동 시간에 놀이를 해주시거나 자유 시간을 주시는데 그 시간도 잘 운영되고 있는 것 같아요.

Q 학교 안에서 선생님의 인권은 잘 지켜지나요? 그 이유나 사례를 말해주세요.

하연   잘 지켜지는 것 같아요. 아이들이 수업할 때 선생님 말씀을 잘 듣고 선생님을 존중하는 것 같아요.

선우   저는 선생님의 인권은 잘 지켜지지 않고 있는 것 같아요. 5학년 때 처음으로 아이들이 선생님한테 심하게 대드는 걸 봤어요. 수업시간에 남자 아이 여럿이 무리 지어서 대들어요. 선생님이 그 아이들을 지도하기는 하는데 효과가 별로 없는 것 같아요. 선생님이 그럴 때 어떻게 대처할 수 있는지 잘 모르겠어요. 경찰을 부르는 것 말고는 딱히 방법이 없는 것 같아요.

Q 학생으로서 부모님이 어떤 역할을 해주길 기대하나요?

선우 선생님한테 대드는 아이들도 있다 보니 일단 부모님들이 아이들을 잘 가르쳐줬으면 좋겠어요. 그런데 그건 선생님이 아이들의 부모님께 정확히 말씀을 안 하셔서 그럴 수도 있고, 부모님이 지도해도 아이가 잘못할 수도 있다고 생각해요. 그런데 어쨌든 학교에서 문제를 계속 일으킨다면 홈스쿨링을 하든 부모가 끝까지 책임을 져야 한다고 생각해요.

하연 자녀를 잘 교육하고 아이들에게 하면 안 되는 행동들을 이야기해줘야 한다고 생각해요. 제 주변 친구들은 교육을 잘 받은 것 같아서 부모님들이 잘 가르치고 있다고 생각해요.

Q 최근에 학교 선생님이 돌아가신 일이 있었어요. 그 일에 대해 어떻게 생각하나요?

하연 엄마한테 처음으로 그 소식을 들었어요. 엄마가 그러시는데 학부모들이 자식들을 제대로 안 가르쳐서 생긴 일을 선생님한테 따지며 이야기한 것들이 쌓여서 그렇게 됐다고 했어요. 그 이야기를 듣고 충격을 받았어요. 너무 놀랐고 상상조차 못 했던 일이에요.

선우 갑자기 학교를 쉬어야 한다고 해서 엄마한테 물어보니까 그 이유를 알려주셨어요. 잘못을 했으면 학년에 상관없이 혼날 수 있는데 그 부모는 너무 자기 아이만 생각하는 것 같아요. 화가 났어요. 자기 자식만 오냐오냐 하고 키우는 부모님들이 계속 선생님한테만 뭐라고 하니까 이런 일이 반복될 수밖에 없는 것 같아요. 선생님은 상상할 수도 없는 일을 겪게 됐으니까요.

Q 학교는 필요하다고 생각하나요?

선우, 하연 학교는 필요해요.

선우 집에서 배우는 것보다 다양한 경험을 할 수 있어서 좋아요. 집에서는 주로 영상을 보면서 배우는데 학교에서는 실험도 하고 활동도 하면서 다양하게 배울 수 있잖아요. 줌 수업을 해봐서 학교라는 공간이 필요하다고 더 많이 느꼈어요.

하연 다양한 경험이 필요하고 기본 생활을 하려면 지식이 있어야 하잖아요. 그래서 학교를 다녀야 한다고 생각해요.

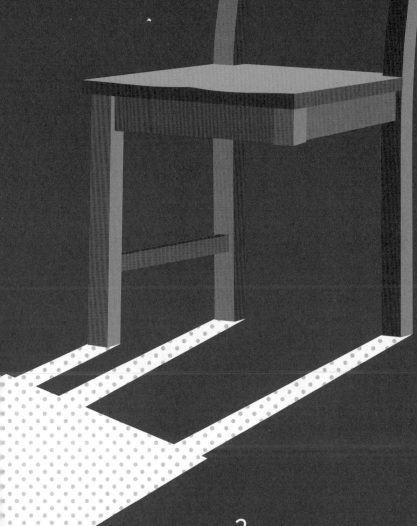

2

학부모의 시선

: 나는 괴물이 아니다

오늘날 학부모로 산다는 것

'공교육 멈춤의 날, 공교육 정상화의 날'이라고 불린 2023년 9월 4일, 학부모로서 이를 지지하기 위해 아이를 학교에 보내지 않고 아이와 함께 체험학습을 다녀왔다. 그날 하루 아이의 등교 여부를 두고 고민하는 학부모가 많았을 것이다.

아들이 다니는 학교의 학부모회는 가능하면 체험학습신청서를 제출하자는 쪽으로 의견을 모았다. 아들 반에는 학부모 단체채팅방, 일명 단톡방이 있었다. 아들이 하교할 때 만난 같은 반 학부모끼리 연락처를 주고받다가 학교생활에 궁금한 점이 있으면 서로 나누자는 취지로 학부모 단톡방을 만들었다.

단톡방이 있으니 반대표로서 9월 4일에 어떻게 할 것인지에 대한 학부모회의 의견을 손쉽게 전달할 수 있었고, 아들의 반 친구들은 단톡방에서 그날 어떻게 할 것인지 서로서로 상황을 파악하고 의견을 나눌 수 있었다. 반면 단톡방이 없는 옆 반 학부모들은 어떻게 해야 할지 갈피를 잡지 못하는 듯했다.

교사로서는 사실 우리 반 학부모 단톡방이 있다고 하면 괜히 부담이 되기도 했다. 그런데 학부모 입장이 되어보니 단톡방에 대한 느낌이 또 달랐다.

학교생활에 대해 궁금한 점이 있을 때 단톡방에서 물어볼 수 있고, 아들이 친구들과 놀 수 있는 기회도 단톡방 덕분에 더 많이 만들 수 있었다. 학부모 모임에 참여하기 어려운 워킹맘들도 단톡방에서 친분을 쌓을 수 있다는 점도 좋았다. 단톡방은 생각보다 순기능이 많았다.

물론 역기능도 있다. 단톡방을 악용하여 교사를 괴롭히는 학부모들의 사례가 알려져 여러 차례 논란이 되었다. 학부모 단톡방이 '교사 사냥'의 장으로 변질된 것이다. 아무리 순기능이 많아도 누가 어떻게 쓰느냐에 따라 그 역할이 달라질 수 있다.

단톡방과 함께 많이 논란이 되는 곳이 맘카페다. 맘카페 역시 단톡방처럼 학부모들이 서로 정보를 공유할 수 있어 도움이 되기도 하지만, 근거 없는 소문을 양산해 문제를 일으키기도 한다. 서이초 교사 사망 사건과 관련해 학부모의 집안에 국회의원이 있다는 소문이 시작된 곳도 맘카페였다. 맘카페는 주로 지역별로 만들어지기 때문에 해당 지역의 학교, 학원, 교육환경 등의 정보를 나누는 과정에서 교사나 학교에 대한 소문이 퍼지기 쉽다.

이처럼 단톡방, 맘카페와 같은 곳이 요즘 학부모가 가장 많이 이용하는 디지털 커뮤니티다. 이러한 디지털 환경은 어떻게 쓰느냐에 따라 유용할 수도 있고 위험할 수도 있다. 물론 역기능보다는 순기능이 더 많을 것이라고 예상한다. 학부모들이 단톡방에서 갑질한다는 기사에 분노하고 비판하는 사람들이 더 많다는 사실을 여러 인터넷 커뮤니티에서 확인할 수 있다. 학부모 사회 안에도 자정능력이 있는 것이다.

학부모 커뮤니티가 늘 문제를 양산하는 것도 아닌데 뇌는 부정적인 것을 더 크게 인식하고 더 잘 기억하는 편향성이 있다. 그래서 맘카페, 단톡방과 관련하여 부정적인 사건이나 뉴스가 나오면 사람들은 이런 점을 더 잘 기억한다. 맘카페나 단톡방이 평범하고 순조롭게 운영된 경우가 훨씬 더 많을 텐데 사람들은 이런 경우는 쉽게 잊는다.

양육자들이 디지털 환경을 활용하는 것은 이제는 거스를 수 없는 일이 되었다. 단톡방, 맘카페를 필수적으로 활용해야만 하는 시대다.

미디어 리터러시 분야의 세계적 권위자인 소니아 리빙스턴 교수는 공저로 쓴 《디지털 세대의 아날로그 양육자들》에서 런던의 학부모 2천 명을 면담하여 디지털 세대 부모들의 양육이 왜 힘든가를 조명했다. 요즘 부모들은 과거 부모와 달리 핵가족화된 환경에서 양육의 부담을 나눌 수 없고, 그들의 부모도 디지털 환경을 겪어보지 못해 도움을 받을 수 없기에 스스로 디지털 환경에 매달리고 기대게 된다고 한다.

"육아를 하다 궁금한 게 생기면 가족한테 물어보기보다는 단톡방이나 맘카페를 먼저 찾는 경우가 많아요. 제가 궁금해하는 걸 누군가 먼저 궁금해했을 것 같거든요. 부모님은 30년 전에 육아를 하신 분들이라 생각이 많이 다르고 요즘 육아 환경을 잘 이해하지 못하시는 것도 있고요."3, 7세 아동 어머니 고정원

가정 상황에 따라 디지털 격차도 크다. 어떤 아이는 집에 컴퓨터 한 대만 있지만 어떤 아이는 최신형 휴대폰과 노트북, 학습용 태블릿까지 온갖 디지털 도구가 다 있고 AI 캠프도 간다. 태블릿을 이용한 학습을 하는 것과 못 하는 것은 사교육 격차이기도 하지만 디지털 격차이기도 하다. 요즘 학부모들은 디지털 불평등으로 인한 박탈감과 불안감을 알게 모르게 뼛속 깊이 가지고 있다.

요즘 학부모는 디지털 시대에 양육과 관련된 지혜를 구할 윗사람이 없고, 늘 위화감을 느끼며 아이를 길러야 한다. 그들은 고민이 있거나 상황 이해가 필요할 때도 온라인 커뮤니티에 묻고 해결책도 그 안에서 찾으려고 한다. 다양한 의견이 오가니 논쟁이 많아지는 것은 어쩌면 당연하다. 요즘 학부모들의 이런 고군분투를 더 헤아리려는 시선도 필요하다.

기술을 활용할 때는 이용하는 사람들의 수준과 의도가 중요하다. 이 편리한 공간에서 우리가 무엇을 하고 있는가를 의식하고 성찰해야 한다. 이용자가 수준 높은 시민성과 도덕성을 갖춰야 발전한 기술을 제대로 활용할 수 있다. 아이 한 명 한 명이 귀한 시대에 책임 있는 학부모, 주변도 살필 수 있는 학부모의 역할이 그 어느 때보다 중요하다.

교사와 학부모가 서로를 믿음으로 바라보아야 한다. 이 쉽지 않

은 디지털 시대를 살아가는 오늘날의 교사와 학부모는 디지털 환경을 최대한 활용하여 아이들을 잘 키우고 싶다는 공통된 마음을 가진 사람들이다.

나는 교권이 강화되길
원하지 않는다

태초부터 가지고 있던 죄, 내가 짓지 않았음에도 영원히 벗어날 수 없는 죄를 원죄라고 한다. 아담과 하와가 하느님의 명을 어기고 선악과를 먹었기 때문에 후대 사람들이 그들의 죗값을 치르고 살아야 하는 운명에 처했다.

교사도 이런 원죄를 가지고 있다. 교사라는 이유로 욕을 먹을 때가 있기 때문이다. 지난 세월 교사로 살았던 누군가의 잘못이 현재 교사로 사는 사람들을 바라보는 인식에 영향을 미치고 있다. 100년도 안 된 시간 동안 우리나라가 이만큼 발전할 수 있었던 데에는 교사들의 역할이 분명 컸지만, 1960~1980년대가 배경인 한국 영화에 종종 등장하는 '폭력적이고 차별하는, 선생 같지 않은 선생'도 분명 있었다. 그 당시에 교사의 폭력성, 비민주성을 경험한 사람들이 있기 때문에 '과거에 학생들을 막 다룬 죄가 있으니 교사들은 이 정도의 고통은 감내해야 한다'라는 시선이 사회에 있을 수 있다.

《교육 그 자체》를 쓴 권재원 교사는 교사와 학생의 비대칭성이 교육을 가능하게 하는 필수 조건이라고 했다. 변화를 가하려는 사람이 변화의 대상이 되는 사람에 비해 우월해야 교육이 가능하다. 그리고 그런 두 사람의 비대칭성을 줄어들게 하는 것이 바로 교육의 목표다.

제자에게 필요한 변화를 끌어내는 과정에서 자유의 제한이 필요할 때도 있다. 우월한 능력을 가진 교사라는 존재는, 이런 상황에서도 적절한 균형을 맞추며 인간 대 인간으로 만날 수 있는 교사여야 한다. 그런데 20~30년 전, 교사에게 인격체로서 온전한 대우를 받은 학생은 얼마나 될까. 이 우월함을 교사의 전문성이 아니라 폭력과 억압으로 대체한 교사들이 있었다. 제자의 변화를 마음에서 우러나는 감화가 아니라 외압에 의한 변형으로 착각한 교사들이 남긴 숙제가 지금까지 이어진다.

1985년생인 한지호 씨는 남고를 다녔다. 같은 반 친구가 교사에게 종아리 살이 뭉개질 정도로 맞아서 피떡이 진 교복을 벗기 어려워한 장면을 기억하고 있었다. 본인 역시 교사의 기분에 따라 체벌을 받은 기억이 많았다.

"지금 선생님들이 교권 침해 문제로 고생하는 걸 생각하면 그러면 안 된다, 분위기가 바뀌어야 한다는 생각이 들면서도 사실 제 고등학교 때를 생각하면 교권이 지금보다 강화될 필요가 있나 싶기도 해요. 내 자식들이 무소불위의 권력을 가진 교사들에게 내가 당한 일을 똑같이 당할 수도 있다고 생각하면, 차라리 지금이 나은 것 같아요." **초등학교 2학년생 학부모 한지호**

일부 교사의 자질 문제로 일축해버릴 수도 있지만, 불과 십몇 년 전까지만 해도 학생에 대한 교사의 폭력을 징계나 훈육이라는 말로 정당화했다는 사실을 기억해야 한다. 2000년대에는 폭력을 동반한 교사의 지나친 학생 징계가 사회문제가 되자 교사의 징계권과 학생을 향한 폭력의 관계를 연구한 논문도 여럿 나왔다. 학생의 인권을 존중하고 교사의 폭력을 제재하자는 목소리가 커진 것은 당연한 결과였다.

2023년 10월에도 지각한 고등학생의 뺨을 때린 교사를 학교가 아동학대로 신고했다는 기사가 나왔다. 지금은 체벌을 하지 않는 교사가 더 많지만 여전히 비교육적 방식을 사용하는 교사가 있기 때문에 이에 대한 견제 장치가 필요하다.

교권 추락의 원인으로 학생의 인권만 중요시했다는 점을 꼽는데 이는 반은 맞고 반은 틀리다. 학생 인권을 강조하는 과정에서 교사의 교육권이 침해될 때에도 용인한 경우가 있기도 했지만, 학생의 인권을 존중한다고 해서 무조건 교사의 인권 하락으로 연결되는 것은 아니기 때문이다. 오히려 학생은 인권을 존중받는 경험을 통해 타인의 인권을 존중하는 사람으로 성장할 수 있다.

여전히 학생 인권과 교권을 제로섬의 관점에서 바라보기도 한다. 인권이란 모든 사람에게 있는 것이며 학생의 인권, 교사의 인권이 따로 있는 것이 아니다. 인간으로서 갖는 권리는 누구라도 존중받아야 한다. 이 바탕 위에 역할의 구분과 교육 행위라는 목적을 고려하여 학생의 학습권과 교사의 교육권에 대해 논의해야 하는데, 단순히 교권과 학생 인권의 대립으로 문제를 바라보니 결론이 나기 어렵다.

"나는 교권이 강화되길 원하지 않는다"라는 말은 교사의 인권이나 가르칠 권리 자체를 문제 삼는 말이라기보다는 교권에 학생에게 폭력을 행할 권리가 포함된다면 이에 동의하지 않는다는 뜻으로 해석할 수 있다. 이렇게 인식하는 대중에게 교권의 의미를 모른다고 힐난하기보다는 교권이 학생을 함부로 해도 된다는 면죄부처럼 착각하지 말라는 매서운 질책으로 받아들여야 한다.

세상에 좋은 교사만 있다고 믿고 싶지만 현실은 그렇지 않다. 교육이라는 이름으로 언어와 신체 폭력을 행하는 자질 없는 교사는 어디에나 있다. 그렇기에 학생을 보호할 장치는 필요하다. 교사와 학생 간의 비대칭성을 교사의 강압과 폭력을 합리화하는 데 사용해서는 안 된다.

우리 사회에는 교사에게 상처를 받은 사람이 생각보다 많다. 그들의 상처를 최근 교사가 된 이들이 원죄처럼 안고 살아가며 되갚음을 당하는 경우도 많다는 점이 안타깝다.

교권침해가 일어나는 이유는 단순히 몰상식한 일부 학부모의 인격이나 학부모의 고학력화 현상 등, 교권침해의 배경으로 지목되는 몇 가지에만 뿌리를 두고 있는 게 아니다. 어쩌면 그 뿌리 중하나는 이미 어른이 된 사람들의 학창 시절 상처에 있는지도 모른다. 그것이 교사라는 존재에 대한 무관심, 교권침해 행위를 방관하는 태도로 드러나는 것이라면 누구에게 책임을 물어야 할까. 과거부터 지금까지 교사들이 무심코든 일부러든 무책임하게 했던 행위에도 그 책임이 있음을 인정해야 한다.

기억 속의 비민주적이고 위압적인 교사를 여전히 혐오하는 사람들에게 교권이 보호받고 보장되어야 한다고 설득하려면 많은 노력이 필요하다. "요즘 선생님들도 예전처럼 그러나?"라고 묻는 사람들이 있다. 그동안 교사들이 얼마나 학생을 존중하고 수업과 학급운영 방식을 바꿔왔는지 여전히 많은 이들이 모르기 때문이다.

지금 교사들이 학생의 인권을 보호하기 위해 어떤 노력을 하고 있는지 대중에게 이해시키고 알리려는 노력이 필요하다. 학생인권조례만 확실하게 지켜지는 듯한 분위기에서 교사는 지도를 포기한 채, 학생이 하고 싶은 대로 둘 수밖에 없다는 방치나 낙담과는 달라야 한다. 교사 사회 안에서도 학생을 보호하지 않는 교사를 방치하지 말고, 교사 자신도 그런 교사가 되지 않기 위해 끊임없이 성찰하고 연구하며 쇄신해야 한다.

아울러 학생을 존중하고 실천하는 교사들의 노력만큼, 학생과 학부모 또한 교사를 존중하고 교권을 보호하겠다고 연대한다면 교사, 학생, 학부모가 상호 신뢰를 쌓을 수 있다.

상호 존중은 서로의 상처를 정확하게 인식하는 것에서 시작한다.

누가 내 아이의 수업을
방해하는가

"딸이 집에 오면 늘 '오늘은 걔가 누구 머리카락을 잘랐어' '전통 놀이 시간에 내 공기를 집어 던져서 사물함 밑으로 들어갔는데 못 꺼내서 선생님이 그냥 새 거 주셨어'라는 이야기를 해요. 제가 보기에는 그 애가 약을 먹을 필요도 있는 것 같은데, 그 아이 부모는 그런 조치를 전혀 하지 않는다고 들었어요. 다른 엄마들 중에는 선생님과 학교에 대처를 요구하는 민원 전화를 한 엄마도 있다고 해요."
초등학교 2학년생 학부모 김주하

내 아이의 교실에 끊임없이 주변 친구들을 불편하게 하는 아이가 있어서 학교에 있는 시간이 인내의 시간이 되어야 한다면 학부모로서 당연히 걱정스럽다. 학교에 전화해서 즉각 강경한 대처를 해줄 것을 요구하고 싶지만 결국 인내하는 학부모가 많을 것이다.

품행 장애는 학생이 어쩌다 한두 번, 일시적으로 보일 수 있는 일탈 행위와는 다르게, 사회적으로 용납되지 않는 비행이나 공격적인 행위를 지속적으로 하는 경우를 말한다. 지나칠 정도로 꾸준히 다른 사람의 기본적인 권리를 침해하면서 스스로 통제하지 못하면 정신의학이나 심리학, 법의 관점으로 접근하여 지원한다.

그런데 현실에서는 명백하게 품행 장애가 있다고 볼 수는 없지만 교묘하게 선을 넘나들어 주변 사람들을 곤란하게 하는 아이들이 있다.

"아이 반에 여자애 한 명이 수업 시간에 친구한테든 선생님한테든 계속 딴지를 건대요. 선생님이 외국에 간 경험이 많으셔서 수업 시간에 어디서 무슨 음식을 먹었다고 얘기하시면 '아 더럽, 웩' 이런 말을 한 번씩 하고, 친구가 뭘 발표하면 친구를 민망하게 만들고요, 애들은 걔 눈치 보느라 엄청 신경 쓰인다고 해요. 선생님이 지도하셔도 말을 안 듣는대요. 저희 애가 참다 참다 걔한테 한마디 했다가 시시콜콜 시비를 걸어오고 교묘하게 애들을 조종해서 왕따를 시키려고 해서 저희 애에게 그 애 일에 관여하지 말라고 했어요." **초등학교 5학년생 학부모 이다현**

교사들은 매일 예상치 못한 아이들의 반응을 혼자서 다 받아낸다. 어른답게 교육적으로 반응하려고 노력하지만 그럴 수 없을 때도 있다. 동시다발적으로 다가오는 아이들의 반응 하나하나에 늘 잘 대처하기란 쉽지 않다. 그래서 교사에게 필요한 능력 중 하나가 임기응변 능력이다. 그런 능력이 있어도 일부 학생의 비인격적인 언행에 당황할 수밖에 없다. 교사들은 끊임없이 시험당한다.

초등학교 고학년은 어느 정도 자라서 '티키타카'가 된다고 이들을 선호하는 교사들도 있다. 그러나 그 과정에서 예의를 지키지 않거나 교사를 이기려 들면서 자신의 취약한 자존감을 높이고 싶어 하는 아이들이 있으니 교사들은 난감하다.

이 아이들은 대체 어떤 문제, 어떤 어려움이 있어서 주위 사람을 이렇게 공격하는 걸까? 교사들은 언제나 자신을 미묘하게 공격하는 듯한 학생이나 학부모의 언행을 상처받지 않도록 해석하는 훈련이 되어 있다. 겉으로 세 보이는 아이일수록 내면에 약한 부분이 있다는 인간적인 측은함과 교육의 효과를 믿는 마음이 도움이 될 때가 있다. 그러나 아이 행동의 원인이 가정에 있거나 교실에서 해결할 수 있는 수준을 넘어선다는 생각이 들 때면 포기하게 되기도 한다.

학부모는 교사의 지도도 효과가 없는 아이는 건드리지 않는 게 낫다는 결론을 낸다. 올해는 반 편성 운이 없었을 뿐이니 우리 아이가 표적이 되지 않고 별일 없이 한 해가 지나가기만을 바라게 된다.

교실은 이렇게 겉으로 크게 드러나지는 않지만 매일 인격을 좀먹는 '미세공격'이 난무하는 곳이다. 미세공격이란 미묘하게 차별하고 혐오하면서 상대방을 깎아내리는 행위를 말한다.

《미세공격》의 저자 데럴드 윙 수는 미국에서 아시아계 2세로서 겪은 차별의 경험을 바탕으로 일상의 편견과 혐오에 대하여 연구했다. 미세공격은 본래 소수집단을 대하는 차별적 시선과 비언어적 표현을 뜻하는데, 사실은 인종이나 집단과 상관없이, 우리 주변에도 미세공격이 매우 빈번하게 벌어진다.

수업의 맥을 끊는 멸시적인 말, 주변 친구가 눈치 보도록 눈총을 주는 일, 어린아이의 말이라고 웃어넘기기 어려운 묘하게 기분 나쁜 말과 태도 모두 미세공격이 될 수 있다. 예를 들어 천만, 억 등의 큰 수를 배우는 수학 시간에 "선생님, 진짜 얼마 벌어요? 우리 아빠가 학교 선생님들은 가난하다고 했는데……" 같은 말을 하는 것이다.

우리나라는 미국처럼 인종이나 성적 지향 등에 따라 소수집단이 생기는 경우가 드문 것 같지만 사실은 그렇지 않다. 자신만의 관점에 따라 다른 사람을 차별하는 사람도 많다. 게다가 하나의 교실 안에 각 가정의 가치관이 모두 모인다. 수업 중에 아이들이 보이는 반응은 가정에서 부모가 보이는 반응이나 관점과 매우 유사하다는 사실을 교사들은 알고 있다.

"미세공격은 산성비"라는 표현은 대리석 건물을 조금씩 녹이는 산성비처럼 미세공격이 우리의 인격과 일상의 평온함을 부식시킨다는 뜻이다. 미세공격은 무시와 모욕, 멸시, 폄하를 담고 있지만 겉으로는 악의가 없어 보이고 심지어 선의의 행동처럼 보이기도 한다. 친구에게 "널 위해서 하는 말인데 뚱뚱한 것도 병이래"라고 말하는 것은 친절한 행동이 전혀 아니다.

직접적으로 수업 운영을 불가능하게 하는 행위도 내 아이의 수업을 방해하지만 비겁하게 미묘한 차이를 만들어내는 행위도 수업을 방해한다. 아이들의 말과 행동을 사랑으로 무조건 포용해줘야 할까? 아이가 수업 시간에 선을 넘을 때마다 교사가 그때그때

수업을 멈추고 지도하기는 불가능하다.

내 아이가 '사랑비'를 뿌리는 아이일지, '산성비'를 뿌리는 아이일지 한번 생각해보자. 학교에서 아이가 어떤 모습인지 모르겠다면 우리 집을 생각해보면 된다. 가정에서 무심코 한 말과 행동이 교실에서 아이를 통해 어떻게 드러날지를 생각해보자. 사람이 관계에서 지켜야 할 선은 가정에서 교육할 수 있다.

평범한 학부모는 억울하다

"요즘 맘카페에 들어가서 보면, 좀 무서워요. 내가 질문자도 아닌데 보는 사람조차 위축될 때가 있어요. 학교나 선생님의 교육 방침에 대해 궁금한 점을 물었을 뿐인데 '질문자의 의도가 궁금하다'라는 댓글이나 그 질문자를 비난하는 댓글이 순식간에 달리는 것 같아요. 예를 들면 국어활동이 숙제인데 집에서 숙제 봐주기가 힘들다는 글만 올라와도 '그 정도도 안 봐주려고 하냐'라는 내용의 비난 댓글이 많이 달리는 것 같아요." **초등학교 4학년생 학부모 채영아**

온라인 커뮤니티에서조차 편하게 질문하고 글 올리기가 힘들다는 학부모가 꽤 많아졌다. 요즘 학부모는 억울하다. 진상 짓을 하는 학부모는 극히 일부인데 그들로 인해 전체 학부모가 피해를 입기 때문이다. 상담주간, 운동회, 체험학습 등 세 가지가 학교에서 사라져가는 것도 학부모 입장에서는 더 아쉽다.

여러 학교가 학기별 1회 또는 연 1회 '상담주간'을 두고 상담을 진행한다. 요즘엔 이런 상담주간이 '수시 상담'으로 대체되고 있다.

학생의 성장과 지도에는 특정 시기라는 것이 없으므로 상담은 본래 수시 상담이 기본이다. 교사나 학부모, 학생이 요청하면 언제든 상담이 가능해야 한다. 그럼에도 굳이 '상담주간'을 지정하는 이유는, 시기가 고정되어 있으면 평소에 수시로 참여하기 힘든 학부모들도 한 번은 상담에 참여하도록 장려하는 효과가 있다고 보기 때문이다. 그런데 점점 학부모 상담이 교사에게 과도한 부담을 준다는 인식이 생겨 상담주간을 폐지하는 학교가 늘고 있다.

OECD(경제협력개발기구)에서 조사한 결과에 따르면, 우리나라 교사는 OECD 회원국 평균에 비해 학부모 민원 대응에서 더 큰 스트레스를 느끼고 있는 것으로 나타났다.[5] 2023년 7월에 한국교원단체총연합회가 교사들을 대상으로 설문조사를 했는데, 교원에게 가장 스트레스를 주는 대상은 학교 내 관리자 혹은 학생이 아니라 학부모라는 결과(66.1%)가 나왔다. 교권침해 사례도 대부분 과도한 민원 처리와 상담 과정에서 일어나는 일들이 많다.

> "그래도 상담주간이 있어서 그때는 눈치 안 보고 상담 신청하고 선생님 얼굴 뵙고 이야기할 수 있었는데, 그마저도 없어진다니 아쉬워요. 상담이 수시로 가능하다고는 하지만, 솔직히 학부모 입장에서는 선생님이 먼저 연락도 안 주시는데 상담을 요청하기가 쉽지 않아요." **초등학교 5학년생 학부모 최희성**

상담주간이 시작되면 교사는 20~30명의 학부모에게 신청을 받아 시간을 조율해야 한다. 일하고 올 학부모를 배려하여 저녁 시간에도 상담을 하는 교사도 있다. 그럴 때도 제약이 많은 초과근무수당을 받기는 쉽지 않으니 순수한 선의와 호의로 하는 경우가 많다.

학생이 25명이라면 3분의 2만 신청해도 20명에 가까운 학부모를 1~2주 내에 만나야 한다. 학부모의 스케줄에 따라 하루에 4~5명을 20분씩만 만나도 교사는 정말 힘이 든다. 누가 무슨 말을 했는지, 어떤 아이가 어떤 특성이 있었는지 등을 기록하며 들어야 하고, 기억을 가다듬어도 헷갈릴 때가 있다. 상담주간에는 방과 후 시간을 상담에 써야 하니, 다른 업무나 수업 준비는 거의 포기해야 한다. 담임을 만나고 싶은 학부모의 입장을 이해하는 마음과 현실의 괴리가 크다.

온 동네 마을잔치였던 운동회를 학부모에게 개방하는 경우도 점점 줄어들고 있다. 운동회 날에는 학생들은 들뜨고 교사들은 행사 진행 과정에서 해야 할 일이 많다. 학생들은 평소와 다른 환경에서 친구들과 접촉할 일이 많아진다. 그래서 다툼이 일어나기도 하는데 그 장면을 본 학부모가 교사에게 학생을 방치했다고 문제를 제기하거나 학교 폭력이라며 민원을 넣는 경우가 왕왕 있다. 소소한 성장 과정으로 지나갈 수 있었던 일이 운동회 개방으로 큰 문제가 되어버리는 경우가 있어 학교 입장에서는 자연히 운동회 공개를 꺼리게 된다.

체험학습도 민원이 많아지면서 점점 줄고 있다. 2023년에는 중학교 3학년 학생에게 현장체험학습 장소까지 찾아오라고 했더니

"우리 애는 늘 내가 차로 태워다 줘서 지하철을 탈 줄 모른다"라며 학교에서 아이를 데려가라고 민원을 넣은 사례가 있었다.

인터넷에서는 이미 민원을 성공적으로 넣는 방법들이 공유되고 있다. 체험학습 중 발생한 사고의 책임을 교사에게 묻는 경우도 많다. 체험학습에서 아이가 다쳤을 때 변호사를 고용하면 승산이 있으니 이런 방식으로 해보라며 방법을 추천, 공유하는 글도 쉽게 찾아볼 수 있다.

교사들은 이런 상황을 겪다 보니 학교 밖에서 위험을 감수해야 하는 체험학습을 되도록 피하게 된다. 경제가 발전하기 전에는 먹고살기 바쁜 학부모가 학생들을 데리고 체험학습을 가기 어려우니 체험학습을 학교에서 진행하는 것이 좋다는 인식이 있었다. 그러나 지금은 가정에서 하는 체험학습에도 출석을 인정해주고 있고, 경제 상황도 예전보다 나아져 가정에서 충분히 체험학습을 갈수 있다. 체험학습, 수학여행이 학교에서 꼭 필요한가라는 의문이 매년 제기된다.

한편으로는 교육이란 부모의 경제적, 문화적 자본의 영향이 매우 큰 만큼, 문화적 혜택을 누리지 못하는 아이들을 위해 체험학습이나 수학여행을 학교에서 진행해야 한다는 의견도 여전히 있다.

"아이가 '누가 가족여행을 가서 오늘도 안 나왔어. 나도 수업 있는 날 체험학습 가고 싶어'라고 할 때가 있어요. 남편이랑 둘이 가게를 하다 보니까 주말 나들이도 쉽지 않아요. 그래서 그런지 아이 학교에서 체험학습 간다, 뭐 하러 나간다 하면 솔직히 반가워요. 모든 부

모가 아이들을 아무 때나 데리고 다닐 수 있는 건 아니에요." 초등학
교 4학년생 학부모 이혜영

좋은 학부모가 더 많다는 희망과 신뢰, 아이들을 위하는 마음
때문에 교사들은 업무 이상의 애정을 쏟을 마음을 먹게 된다. 그럼
에도 법으로 교사의 책임만 묻고, 상담이나 수업 공개조차도 제도
화, 법제화하려는 현실 앞에서 교사들의 자발성과 배려는 빛을 잃
는다.

한 지인은 상담주간 안내 가정통신문에 "부득이한 사정이 아니
면 가급적 상담 신청을 자제해달라"라는 문구가 있어 신청하지 않
았다고 한다. 선생님이 힘든 건 이해하지만 학부모를 거부하는 느
낌이라 기분이 씁쓸했다고 한다. 운동회도 공개되지 않아 3월에
상담을 한 번 한 후에는 학교에 가본 적이 없다.

무엇이 자꾸 열려 있던 선의의 문을 닫게 하는가. 피해자는 누
구인가.

이것도 진상인가요?

아이는 초등학생이 되면서 자립할 수 있는 인격체로 성장하기 시작한다. 어른들의 밀착 돌봄에서 벗어나 자조自助 능력을 발휘하며 자아상을 키우는 단계로 진입한다. 이 단계에 들어선 아이들이 학교에 입학하게 된다. 학교는 유치원이나 어린이집보다는 공적인 시스템으로 돌아가는, 공공성이 좀 더 강화된 공간이다. 또한 학교는 학생이 학부모에게서 정서적, 행동적, 인지적 독립을 하게 되는, 자아 성장과 자립을 촉진하는 공간으로서 의미가 있다. 한마디로 '아이가 부모와 거리를 두고 스스로 서야 할 무대'가 되어준다.

"이제 초등학교에 들어간다고 하니 주변에서 '학교 선생님들은 유치원 선생님들과는 완전히 다르다'라는 말을 많이 하더라고요. 특히 키즈노트 같은 개별적인 알림장은 기대도 하지 말고 학교에 전화하거나 교사에게 문자를 해 요구사항을 말하지 말라는 말을 많이 들

없어요. 선생님들도 일일이 부모들의 말이나 요청에 대응하지도 않고, 특별히 애한테 문제가 없으면 기본적으로 연락을 하지 않으니 소식 없는 게 희소식인 줄 알고 살라고요." **7세 아동 어머니 이수애**

"1학년 때 아이가 좀 비싼 물건을 학교에 들고 가서 걱정했는데 집에 안 가져왔길래 선생님께 교실에 그 물건이 있는지 여쭤보는 문자를 드린 적이 있어요. 그런데 문자를 보시고도 답변이 없으시더라고요. 그래서 그때 느꼈어요. '아, 이런 걸로는 연락하지 말라는 거구나.' 그 뒤로는 한 번도 연락한 적이 없어요." **초등학교 3학년생 학부모 장선경**

어린이집이나 유치원에서는 학부모와 교사가 직접 소통한다. 그런 소통 방식에 익숙해진 부모들이 아이가 학교에 입학하면 교사에게 단절감을 느끼며 학교 교사는 거리감이 있다고 인식하는 듯하다.

그러나 학교에서도 상황에 따라 소통 방식은 다를 수 있다. 아이가 어떤 담임교사와 학급 구성원들을 만나느냐, 그 학교의 소통 채널은 무엇이냐에 따라 달라질 수 있다.

진상 부모 단골 멘트 리스트, 진상 부모 체크리스트 같은 것이 있다고 하니 학부모 입장에서는 은근히 신경이 쓰인다. 학부모라면 담임교사에게 물어볼 수 있는 것에 대해서도 정말로 물어봐도 되는지 따져보게 되고, 혼자 속앓이를 하게 될 때도 있다.

위에서 언급한 체크리스트는 진상 학부모의 행태를 고발하기 위해 누군가가 만든 것이다. 진상 부모 단골 멘트 리스트에는 '(우리 애가) 집에서는 전혀 안 그러는데' '작년에는 안 그랬는데'와 같은 말이 담겨 있다. 현 담임교사의 지도 능력을 의심하는 뉘앙스를 담은 말들이다.

실제로 이런 질문을 여러 차례 받았다.

"이 말을 하기만 해도 진짜 진상 학부모가 되는 거예요? 이 정도는 할 수 있는 말 아닌가요?"

맞는 말이다. 이런 말을 할 수도 있다. 학부모는 아이가 학교에서 어떻게 행동하는지 정확히 알지 못한다. 그리고 아이의 행동은 집과 학교에서 당연히 다르다. 그러니 학부모 입장에서는 "집에서는 전혀 그러지 않는다"라는 말을 할 수 있다. 아이가 혼자 준비하기 힘든 준비물을 학부모가 미처 챙기지 못했다면 "제가 늦잠을 자서 못 챙겨줬는데"라는 말을 할 수 있다. 실제로 교대 근무를 하는 간호사인 학부모에게 그 말을 들었을 때, 담임으로서 충분히 이해할 수 있었다.

대부분의 교사들은 학부모가 순수하게 궁금해서, 교사에게 지금 상황을 허심탄회하게 나누고 싶어서, 협력자로서 힘을 합치고 싶어서 이 말을 하는 것인지 아닌지를 안다. 아이와 부모의 말투 및 행동, 평소 학습 준비 상태, 아이가 쓰는 글이나 학습활동 중에 하는 말에서 드러나는 가정 분위기 등을 종합적으로 고려하여 판단한다.

문제는 그 멘트 자체가 아니다. 같은 말도 은밀하고 교묘하게 악용하기 때문에 문제가 생긴다. 이런 리스트가 존재하는 이유는 이런 말을 교사를 협박하는 용도로 쓰는 사람이 종종 있기 때문이다. 이런 말을 할 때 한 번 더 자신의 의도를 점검해보라는 뜻이다. 서로 조심하고 배려하면 아무 문제가 없다.

학부모 입장에서 궁금한 것이 무엇이냐고 물으니 많은 지인이 학교 입장에서 어떤 것이 민원인지, 내 행동이 진상 학부모 사례에 해당하는지 궁금하다며 기준을 제시해주면 좋겠다고 요청했다.

민원은 말 그대로 '국민이 원하는 바'라는 뜻이다. 자유민주주의 사회를 사는 국민으로서 자신의 의견을 개진하는 것은 자연스럽고 필요한 일이다. 다만 많은 사람이 사회적 관점과 자신의 관점을 두루 헤아려보지 않고 본인이 원하는 바만 끊임없이 요구하면 이 불균형에서 문제가 생긴다.

민원을 넣고 싶을 때 일단은 일반 국민의 관점에서도 타당한 일인가 아니면 내가 원하는 바인가를 생각해보면 조금 더 객관적으로 볼 수 있다. 그러면 기분 나빴던 일도 '내가 좀 예민한 것일 수 있구나' 하고 넘어가기도 한다.

그럼에도 '나도 국민이니 내 뜻이 국민의 뜻이지'라는 생각 때문에 헷갈릴 때는 조금 더 구체적인 기준이 필요해 다음과 같이 정리했다.

민원을 접수하기 전 생각해야 할 질문

먼저, 정보 확인을 위한 단순 문의인지, 개선을 요구하는 민원인지 생각해본다.

1. 정보 확인을 위한 단순 문의인 경우

기존에 나왔던 가정통신문이나 e알리미 공지, 클래스 앱 등을 통해 이미 학부모에게 공지가 된 내용인지 꼭 확인한다. 이미 공지가 되어 있는데 본인의 부주의로 학교에 수차례 확인한다면 그것은 분명 누군가에게 부담이 되는 일이다.

학교에 질문하기 전에 지인이나 같은 반 학부모에게 먼저 확인하는 것도 도움이 된다.

예) 방과 후 시간표 알려주세요. / 5교시는 몇 시에 끝나요?

2. 개선을 요구하는 민원인 경우

학교나 교사의 도움이 반드시 필요한 일인지, 단순히 기분이 상해서 민원을 넣으려고 했던 것은 아닌지 스스로 질문해본다.

1) 학교나 교사의 실질적인 도움이나 해결이 필요한 일인가?

① 아이가 스스로 할 수 있는 일인데 학부모로서 불필요하게 개입하는 일인가?

예) 제가 퇴근이 늦어서 교과서를 못 챙겨줬어요.

② 교권을 침해하는 일인가?

· 교사의 교육권(수업권, 평가권, 학급경영 방침 등)을 침해하는 일인가?

예) 우리 아이만 모둠 끝자리에 앉네요. 바꿔주세요. / 사진 다시 찍어주세요. / 혼내지 말아주세요. / 왜 이런 벌을 주셨어요?

· 교사의 인권(사생활, 기본권 등)을 침해하는 일인가?

예) 선생님, 남자친구랑 찍은 프로필 사진은 부적절하니 바꿔주세요. / 학교에 더 일찍 오세요.

2) 내 기분이 나빠서 하는 일인가?

학교에 꼭 연락해야 하는지 다시 생각해본다. 할까 말까 하는 말은 하지 않는 게 낫다. 특히 우리 아이와 선생님의 관계에 정말 도움이 될지를 생각하면 더 분명해진다. 학교에서 관계를 맺는 당사자는 아이와 교사이지 내가 아니다.

단순 문의와 민원을 구별하지 않고 학부모 전화는 무조건 '민원'이라고 인식하는 학교 문화도 개선될 필요가 있다. 여러 공지 사항을 받는 학부모 입장에서는 확인이 필요한 경우가 있을 수 있고, 학교에서 생각한 것보다 더 세심한 안내가 필요한 경우도 있을 수 있기 때문이다.

서로 예민해져 있으면 작은 것도 크게 느끼는 경우가 많다. 서로 믿으며 마음을 열고 인간적으로 다가가면 단순 문의가 공적인 업무가 되거나 가볍게 한 말이 진상 멘트가 되지 않을 것이다. 민원이나 말 한마디 모두 하나의 소통 과정이 될 수 있다.

어른들에게 바라는 것

인터뷰이 정보

> **최유빈** 학군지의 여자중학교에 다니는 1학년생.

Q 지난 1년을 돌아봤을 때, 중학생으로서 느끼는 학교생활은 어땠나요?

유빈 많이 힘들었어요. 1학기만 자유학기제이고 그때는 시험을 안 봐서 괜찮았는데 갑자기 2학기에는 시험을 봐야 한다고 해서 공부를 많이 해야 하는 게 힘들었어요. 특히 사회, 수학 공부가 어려워요. 사회는 초등학교 때부터 시험을 본 적이 없어서 공부를 하지 않다 보니 더 어려웠던 것 같아요. 초등학교 때는 단원평가를 봐도 수학이 어렵지 않았는데 중학교에서는 어려운 것 같아요.

Q 우리나라에서 학생으로 산다는 건 어떤 건가요?

유빈 교육과정 때문에 학생들이 많이 힘든 것 같아요. 내용이 어렵기도 하고 성적을 위한 공부에만 집착하는 분위기예요. 학생들도 공부를 너무 열심히 해요. 자기가 알아서 하는 건 극소수인 것 같고 공부하라고 압박을 받는 게 일반적이죠. 놔두는 부모가 극소수니까요.

Q 그렇게 공부를 시키는 이유가 뭐라고 생각하나요?

유빈 어른들은 나중에 제가 하고 싶은 일이 생겼을 때를 위해서라고 하는데 전 잘 모르겠어요.

Q 그러면 본인은 어떤 공부를 하고 싶나요?

유빈 따로 배우고 싶은 게 있는 건 아니에요. 어려서부터 이것저것 뭘 많이 하긴 했는데 내가 뭘 좋아하는지 아직 못 찾은 것 같아요. 아무리 공부가 내가 좋아하는 걸 하는 데 필요하다고 하더라도 일단 지금은 공부하는 게 싫어요. 수업을 듣는 것도 싫고, 숙제를 하는 것도 싫고.

Q 언제부터 그런 마음이 들었나요?

유빈 6학년 때부터 그랬던 것 같아요. 코로나19 때문에 원격수업도 했었고 그러다 중학교를 가야 할 때가 되어서 본격적으로 공부를 하기 시작했어요. 그때도 공부를 많이 한 건 아닌데 저학년 때는 아예 하지 않고 놀아서 그거에 비하면 많이 한 거 같아요.

Q 저학년부터 학원에 많이 다니고 공부 스트레스가 심한 학생도 많은데 초등학교 때는 좀 자유로웠던 편인가요?

유빈 그랬던 것 같아요. 그런데 제가 6학년 때 갑자기 공부를 해보니, 공부는 초등학교 저학년부터 조금씩 해서 공부 습관을 들여야 고학년이 되어도 적응이 좀 편하겠다는 생각이 들었어요.

Q 학교 선생님은 어떤가요?

유빈 학교 선생님도 그다지 좋지 않아요. 수학이 더 싫어졌어요. 수업을 너무 못하는 선생님이 있거든요. 계산할 때도 웅얼웅얼하시고, 이해도 안 되고, 재미도 없고, 그 선생님이 수업하실 때는 반 분위기도 어수선해져요. 수업은 못하시는데 시험은 너무 어렵게 내세요. 시험 기간에 자습은 한 번도 안 주세요.

Q 학교에서 수업 시간에 자습을 주는 게 필요한가요?

유빈 시험 기간에는 그 과목 말고도 다른 과목도 공부해야 하잖아요. 할 게 많은데, 그 수업 시간이라도 자유롭게 쓰고 싶어요. 선생님과 수업을 하는 게 시험에 도움이 된다고 느껴지지 않아요. 선생님 수업을 듣고 시험을 잘 볼 수 있는 실력이 생기는 게 아니에요.

Q 지금 다니는 학교가 좋은 학교로 알려져 있는데 어떻게 생각하나요?

유빈 전 좋은 학교라고 생각하지 않아요. 시험도 너무 어렵고요. 친구들에게 듣기로는 우리 학교가 다른 학교보다 제한이 더 심한 것 같아요. 가령 다른 반 교실에 들어가면 벌점을 5점씩 받는데 왜 그런 규정이 있는지 이해가 가지 않아요.

Q 지금 다니는 학교가 학군이 좋은 곳으로 알려져 있는데 '학군이 좋다'는 걸 학생 입장에서는 어떻게 느끼나요?

유빈 특별히 느끼는 건 없어요. 학군이라는 것도 솔직히 학생 입장에서 듣기에는 차별 같아요. 아무리 좋은 동네라도 일진이나 학교폭력 같은 일이 있을 수 있는데 학군이 좋은 학교에서는 그런 일이 일어나지 않을 것처럼 말하는 게 이상해요.

Q 학교에서 반 친구들과 담임선생님의 관계, 학급 분위기는 어떤가요?

유빈 우리 반 담임선생님은 국어 수업과 선도부를 하시는데 되게 착하세요. 우리 반에는 일진 같은 아이는 없어요. 다른 반에는 담배를 피우다 걸리는 아이도 있고 우울증이 있거나 학교에 안 나오는 아이도 있다고 들었어요.

Q 언제 담임선생님이 착하다고 느끼나요?

유빈 항상 느끼죠. 아이들이 학교에서 좋아하는 선생님 중에 한 분이에요. 우리에게 강요도 하지 않고 착하세요. 모든 부분에서요.

Q 학교 선생님을 신뢰하나요?

유빈 몇 분만 신뢰해요. 평소에 수업하시는 태도를 보면 느껴져요. 아이들과 잘 지내고 수업 내용을 정확하게 알려주시는 선생님은 신뢰할 수 있어요. 그런 선생님은 대체로 젊고, 우리가 쓰는 용어를 잘 알고 간섭도 별로 하지 않아요.

Q 유빈이는 어떤 학생인가요?

유빈 공부를 싫어하고 노는 걸 좋아하는 학생이요.

Q 뭘 하며 노는 게 좋아요?

유빈 자는 게 좋아요. 중학교에 올라오면서부터 잠자는 걸 더 좋아하게 됐어요. 보통 수학 학원에 다닐 때는 밤 12, 1시에 자는데 요즘은 수학 학원을 잠깐 끊어서 밤 11시쯤에 자서 아침 7시 반에 일어나요. 수학 학원은 일찍 끝나는 편이었는데 그다음 날 제출해야 할 영어 숙제 같은 걸 하느라 일찍 못 자요.

Q 앞으로 살아갈 10대(고등학교까지)에 대해서 기대하는 점이나 걱정하는 점이 있나요?

유빈 기대하는 점은 딱히 없어요. 되고 싶은 것도 없고 이루고 싶은 것도 없고요.

Q 그런 걸 알려면 어떤 게 필요하다고 생각하나요?

유빈 시간이요. 경험할 시간이 많이 필요해요. 내가 뭘 하든 자유롭게 해볼 수 있는 시간이요.

Q 부모님과 이야기해본 적이 있나요?

유빈 아니요. 엄마와 저는 의견이 많이 다르거든요. 엄마는 '이만큼 놀았으니 지금 공부를 해라' 그러시는데 저는 예전부터 제가 정말 놀았는지 잘 모르겠어요. 엄마가 '(할 거) 다 끝내고 놀라'고 해서 '다 끝났다'고 하면 '이건 더 해라'고 할 때가 있으신데, 이건 간섭인 것 같아요. 학원은 불안해서 다녀야 할 것 같긴 한데, 그냥 놔두면 좋겠어요. 성적에도 관심이 없었으면 좋겠고요. 걱정되는 점은 '앞으로 그 많은 공부를 어떻게 하지?' 하는 거예요.

Q 공부 문제는 엄마가 그냥 놔두면 좋겠다고 했는데, 그럼 부모님이 어떻게 해야 할까요? 저도 학부모로서 아이 공부에 대해서 손을 놓고 있어도 되는지 고민이 되는데요.

유빈 일단은 아이한테 물어보는 게 좋은 것 같아요. 공부를 하고 싶은지요. 엄마의 도움이 필요한지 물어보고 성적이 좋지 못해도 혼내지 말고 타이르는 게 좋아요. 그렇게 하면 어느 순간 아이가 도와달라고, 하고 싶다고 할 때가 있을 거예요.

Q 10대에 대해 별 기대가 없다면, 대학 때나 20대 이후의 삶에 대해서는 기대하거나 상상한 점이 있나요?

유빈   크게 기대하는 건 없어요. 대학 진학 여부도 잘 모르겠어요. 지금은 정말 공부를 하고 싶지 않아서 그때까지 버틸 수 있을지 모르겠거든요. 다른 애들이 수능 준비를 하거나 대학 생활을 하면서 한 분야만 공부할 때, 나는 그 시기에 다양한 경험을 여러 가지 하면서 내가 하고 싶은 경제를 배워서 사업을 하거나 할 것 같아요. 대학을 굳이 안 나와도 사업은 할 수 있으니까요. 경제나 경영 분야를 공부하겠죠. 대학을 가지 않아도 열심히 노력하면 명문대를 나온 아이보다 더 잘 살고 행복하게 지낼 수 있을 거라고 생각해요.

Q 이런 이야기를 친구나 부모님과 한 적이 있나요?

유빈   아니요. 부모님은 하고 싶은 걸 하라고 하시는데 일단 대학은 서울이 아니면 보내지 않겠다, 소용없다고 하세요. 이유는 대충 알겠지만 이해는 안 돼요.

Q 2023년 7월에 있었던 서이초 사건을 알고 있나요? 안다면 어떻게 알게 되었고, 그 당시 주변 사람의 반응은 어땠나요?

유빈   우리 반 선생님이 알려주셔서 알게 되었어요. 그런데 솔직히 아무도 관심이 없었어요. 아이들 모두 사회나 뉴스에 관심이 없어요. 뉴스를 볼 시간이 없기도 하고, 국어나 과학 전문 학원은 있어도 사회 학원은 따로 없으니까 더 관심이 없어져요. 자살 사건도 자주 접하다 보니, 별로 심각성을 느끼지 못했어요. 선생님은 되게 놀라신 것 같았는데, 우리는 그 일의 심각성이 와닿지 않았어요. 학생 입장에서는 학부모의 악성 민원도 있는지 잘 모르겠고요.

Q 학교에서 교사의 인권은 잘 지켜진다고 생각하나요? 그 이유는요?

유빈   교사의 인권은 잘 지켜진다고 생각하는데 아무래도 우리 학교는 제약이 많다 보니 학생의 인권은 잘 안 지켜지는 것 같아요. 교복과 같은 자유 제한이 많으니까요. 그렇다고 선생님들이 학생의 인권을 무시하는 행동이나 말을 하시지는 않는 것 같아요.

Q 좋은 선생님과 학부모의 조건은 무엇일까요?

유빈　선생님이든 학부모든 어른들에게 바라는 건, 아이들 문제가 정말 심각하지 않으면 간섭하지 말아달라는 거예요. 인간관계든, 공부든, 아이에게 직접 물어봐서 본인이 원하면 개입했으면 좋겠어요.

Q 학교는 인생에 도움이 된다고 생각해요? 학교의 존재 이유는 뭘까요?

유빈　학교는 인생에 도움이 된다고 생각해요. 사회생활, 인간관계를 배우는 곳으로서요. 학교가 존재해야 하는 이유는 사회생활에 적응하는 법을 배우기 위해서인 것 같아요. 다툼이나 학교폭력이 있어도 학교는 필요해요.

Q 학교는 나 자신을 아는 데 도움이 된다고 생각하나요?

유빈　아니요. 그런 건 시간이 지나면 자연스럽게 혼자서 알게 될 것 같아요. 학교의 영향이나 뭘 배워서 알게 되는 건 아닌 것 같아요.

Q 내가 생각하는 좋은 학교와 교육을 한마디로 표현한다면 뭐라고 할 수 있을까요?

유빈　좋은 학교란 제한이 많이 없는 학교요. 또 좋은 교육이란 자유를 주는 교육이요.

나는 학교 교사에게
별 기대가 없다

　학부모들을 인터뷰하며 들은 말 중 가장 씁쓸한 말은 "나는 학교 교사에게는 별 기대가 없다"라는 것이었다.

"솔직히 학교에서 뭘 배우는지 모르겠어요. 통지표를 받으면 일 년에 마지막 한 번 빼고는 우리 애가 뭘 잘하는지, 뭐가 문제인지 구체적으로 알 수 있는 내용이 있었던 적이 거의 없어요. 요즘은 매우 잘함, 잘함, 보통, 노력 요함 이런 식으로 단계만 표시되고, 아이의 행동이나 특징에 대한 문장도 없고요. 창체 시간에 무엇을 했다 정도만 써놓았는데, 반 전체가 한 걸 나열한 게 무슨 의미가 있는지 모르겠어요. 그런 걸 받으면 솔직히 선생님이 우리 아이에 대해 관찰한 게 없나, 우리 아이를 가르치면서 알게 된 게 없나 하는 생각이 들긴 해요." 초등학교 6학년생 학부모 구상이 학부모들은 교사가 교육을 위해 어떤 노력을 하는지 궁금해한다. 그 노력이 교사의 수업과 학생에 대한 평가라고 생각하고, 아이에 대하여 개별적이고 구체적인 피드백을 받아보기를 원한다. 사실 학부모가 과거 학생이었던 시절에도 교사들의 피드백이 자세하지는 않았다. 오히려 지금 통지표에 더 많은 내용이 들어간다. 그런데 학부모는 왜 피드백이 부족하다고 느낄까?

최근에는 학적과 성적 관리 시스템도 나이스NEIS로 전산화되었고, 학생 평가에 쓸 수 있는 예시 문구나 자료가 교사 커뮤니티에서 많이 공유된다. 처리 과정이 간단해진 것 같지만 그만큼 교사가 기계적으로 해야 하는 일은 늘었다. 교사 한 명이 학생 한 명의 1년 활동 내역과 발달 사항을 기록하는 칸이 절대적으로 너무 많아졌기 때문이다. 교사 한 사람이 학생 한 명에 대해 수십 칸을 입력해야 하기 때문에 모든 부분을 심혈을 기울여 개별화된 문장으로 쓰는 것은 현실적으로 어렵다.

학부모 입장에서는 믿을 만한 평가 자료를 받지 못하고 있다는 불만과 불신이 쌓이며 학교에 대한 기대가 줄어든다. 최근 정부 부처를 포함한 교육기관에 대한 신뢰를 조사하는 설문에서 학부모 연령대의 신뢰도가 10년 사이 큰 폭으로 떨어졌다는 설문조사 결과[6]는 평가에 대한 신뢰와도 관련이 있을 것으로 보인다. 실제로 학부모와의 인터뷰에서 평가 관련 이야기가 여러 차례 나왔다.

평가 결과가 우리 아이에게 정확하게 맞는 것인지가 궁금한데, 학부모들은 그 결과를 점점 믿지 못하고 있다. 예전보다 학교를 불신하기 쉬워진 이유는 여러 가지가 있다. 학부모의 고학력화와 책과 인터넷을 통한 지식의 공유로 학부모는 교사가 채점한 결과가 정확한지 확인할 수 있는 근거를 쉽게 찾을 수 있고, 이와 동시에 개별화 맞춤 교육을 추구하며 학생 한 명에 대한 구체적인 관찰과 피드백을 더 많이 요구한다.

그렇다면 교사의 평가권은 온전히 인정받고 있을까? 학교 평가 결과에 대해 의문을 제기하는 글은 인터넷 커뮤니티에 수시로 올라온다. 매우 잘함, 잘함, 보통, 노력 요함의 4단계 평가에서 잘함을 받으면 '우리 아이가 왜 매우 잘함이 아니고 잘함이냐'라며 그 근거를 따지기도 한다. 이러면 교사는 최대한 많은 학생에게 매우 잘함을 주기 위해서 평가 기준을 낮추게 된다. 물론 근거 없이 기준을 낮출 수는 없다. 교육과정 성취 기준에 따라 평가 기준을 세우지만 최대한 '낙오자'가 없어 보이게 하려고 상세 기준을 조절하거나 평가문항의 난도를 낮춘다. 학교에서는 배운 게 없고, 교사도 가르치려고 하지 않는다는 기대와 실망의 실타래는 이런 식으로 생각보다 복잡하게 꼬여 있다.

한편 교사들은 가정으로 보내는 피드백이 얼마나 효과가 있는지에 대해 의문을 가지고 있다. 학생들의 학업 성취와 기본 생활습관 형성, 올바른 인성 함양은 교사 입장에서 모두 중요하다. 교사들은 종종 생활습관이나 인성과 관련된 부분에 대해 가정에서 지도해달라고 요청하기도 하는데, 학부모에게 거부될 때도 있다.

지인 교사의 SNS에 '오늘도 한 아이를 내 마음에서 놓아버렸다'라는 글이 올라왔다. 개선되지 않는 아이의 행동이 있어 가정지도를 부탁하는 글을 써서 학부모에게 보냈더니 교사의 이해심을 지적하는 학부모의 반박문이 왔다고 한다. 이런 경험이 누적되어 학부모는 교사에게, 교사는 학부모에게 더 이상의 기대를 하지 않게 된다.

학부모, 교사와 평가에 대해 이야기를 나누면서 한 가지 특성을 발견했다. 학부모는 평가와 관련하여 교과성적을 많이 언급했고 교사들, 특히 초등학교 교사들은 생활습관을 많이 언급했다는 점이다. 각자가 집중하는 평가의 영역이 다르기 때문에 기대하는 것도 다를 수밖에 없다는 생각이 들었다.

학교에서 하는 평가는 보통 학생의 '인지, 행동, 정서'를 근거로 하여 '지식, 기능, 태도' 영역에 대해 이루어진다. 교사들이 각종 채널을 통해서 학부모에게 '생활습관과 인성' 관련 피드백을 많이 보내는 이유는 평가 영역 중 2가지가 생활습관, 인성과 관련되었기 때문이다. 교사가 일부러 두 측면을 평가하려고 하는 것이 아니라 학교생활 자체가 그 부분과 많이 관련되어 있다.

사실은 지식 영역조차도 생활습관이나 태도, 정서상태와 연결되어 있다. 교과별 지식, 학업성취도 자체도 중요하지만 장기적으로는 학습 태도가 더 중요하다. 또한 학습 태도를 넘어 학생이 학습에 대해 느끼는 흥미나 효능감, 불안감 등 정서 상태도 중요하다.

학교에서 중요하게 가르쳐야 할 것이 무엇인가를 생각하면 각자가 가진 기대 사이에서 균형점을 찾을 수 있다. 또 학부모와 교사가 각각 기대하는 피드백을 조금 더 고려해주고, 서로 피드백에 성의 있게 반응해주면 둘 사이의 간극을 조금은 줄일 수 있지 않을까.

학부모는 교사의 평가권을 온전히 인정하고 평가를 학교에 맡기자. 내 아이가 항상 '매우 잘함'을 받아야 한다는 강박도 내려놓자. 그리고 교사는 아이들에게 짧아도 개별적인 피드백을 성의껏 써주자. 교사가 입력해야 할 평가 항목이 지나치게 많으므로 이 부분도 시스템적으로 개선되어야 한다. 그러면 평가에 대해 교사와 학부모가 같은 방향을 바라보고 걸어갈 수 있다.

피드백은 신뢰다. 피드백에 대한 서로의 관점을 이해하고 아이의 현재와 미래에 대해 함께 이야기할 수 있을 때, 학부모와 교사가 서로에게 기대하며 신뢰할 수 있는 여지도 더 많아질 것이다.

학교는 왜 이렇게 폐쇄적일까

학부모들은 학교에 대해 궁금한 점이 있느냐는 질문에 가장 적극적으로 대답을 한다.

"공개수업 말고 평소 수업이 어떤지 궁금해요."
"우리 애가 수업시간에는 어떻게 행동하는지 알고 싶어요."
"선생님이 평소에 아이들을 어떻게 대하는지 궁금해요."

궁금한 점이 많다는 것은 학부모가 학교에 대해 닫혀 있다고 느낀다는 뜻이다. 실제로 "학교가 너무 폐쇄적이다"라고 대답한 학부모가 여럿 있었다.

예전에는 학교의 소통수단은 종이로 된 가정통신문과 알림장뿐이었다. 오히려 지금은 회신이 가능한 e알리미, 댓글 등록이 가능한 학급게시판이나 앱, 쌍방향 문자서비스 등 소통 창구가 더 늘었다. 학교운영위원회도 학교에서 중요한 심의기관으로 자리 잡았고, 학교 정규수업만이 아니라 방과 후 수업까지도 학부모에게 공개된다. 그런데 왜 폐쇄적이라고 느낄까?

"아이에 대한 정보를 거의 주지 않는 것 같아요. 1년에 한두 번 하는 상담이 아니면 아이에 대해서 선생님이 개별적으로 해주는 이야기를 들을 기회가 거의 없어요." 고등학교 3학년생 학부모 신민영

학부모가 된 후 확실히 느낀 한 가지가 있다. 내 아이에 대한 상담 시간은 참 빨리도 간다는 점이다. 교사로서 학부모와 상담을 할 때는 15~20분이 대화를 나누기에 충분하다고 생각했다. 그런데 내가 엄마로서 상담주간에 아이의 담임선생님 앞에 앉으니 15분, 20분이 정말 빨리 지나가 매우 놀랐다. 절대 짧지 않은 시간이었을 텐데 부모는 짧게 느끼는 것이다.

반면 학부모와 이어지는 소통 창구를 점점 닫게 만드는 경우는 쉽게 볼 수 있다. 어떤 교사는 한 학부모와 상담도 자주 하고 관계가 매우 좋았다. 그러나 아이가 다친 이후 학부모의 태도가 돌변해 교육청에 민원 폭탄을 넣었고, 교사는 6년이 지난 지금은 학부모와 상담을 줄이고 예전처럼 학부모에게 마음을 열지 못하며 지낸다.

또 다른 교사는 3월 2일 학기 첫날에 아이들 편에 보낸 학급안내 가정통신문이 학부모 단톡방에서 다른 반의 것과 비교당했다는 사실을 안 뒤로 개학 날 가정통신문을 보내지 않게 되었다.

이런 일이 반복되면 사회적인 이슈가 되어 다수의 교사가 위축

된다는 점이 안타깝다. 그렇게 되면 교사와 소통할 기회가 줄어들어 아이와 학부모도 피해를 입는다.

교실은 아이들과 교사의 세계다. 학부모는 초대받은 사람이다. 그 사실을 부모들은 인정하고 그들의 세계를 존중해야 한다. 도덕적으로 확실히 잘못된 게 아니라면 교실에서 일어나는 다양한 일들은 존중되어야 한다. 교실은 완전무결한 멸균실이 아니다.

학교가 학부모와의 소통에 더 많은 시간을 쏟고 학부모에게 학교 공간을 더 개방하면 덜 폐쇄적이 될 수 있을까? 학부모에게 참여를 독려하고 학부모를 학교 운영에 참여시키기 위해 법제화를 하면 상황이 더 나아질까?

학부모를 학교 교육의 주체로 인정하며 '교육 수요자'라 칭하고 학부모의 요구에 학교가 더욱 민감하게 반응하도록 만든 제도 중 하나가 학교운영위원회다. 학교운영위원회는 〈초중등교육법〉에 따라 정해진 자문, 심의 기구다. 〈초중등교육법〉 제31조 제1항은 "학교운영의 자율성을 높이고 지역의 실정과 특성에 맞는 다양하고도 창의적인 교육을 할 수 있도록 초등학교·중학교·고등학교 및 특수학교에 학교운영위원회를 구성·운영하여야 한다"라고 명시했다.

학교운영위원회는 학교의 교원 대표, 학부모 대표, 지역사회 인사로 구성된다. 연초에 학부모 대표를 뽑는다고 할 때 그 대표가 학교운영위원회의 학부모 대표로 활동한다. 학칙의 제·개정, 학교 예산안과 결산, 교과용 도서와 교육자료 선정, 교복·체육복·졸업 앨범 등 학부모 부담의 비용 관련 사항, 학교급식, 정규학습 시간

종료 후 또는 방학기간 중 교육활동 및 수련활동 등을 심의, 자문할 수 있고, 그 밖에 학교 운영에 대한 제안이나 건의도 할 수 있다. 학교운영위원회에 학부모 위원으로 활동 중인 학부모는 학부모가 학교 운영에 역할을 할 수 있다고 느낄까?

> "학운위(학교운영위원회)를 하면서 학부모 의견이 반영되긴 한다고 느껴요. 하지만 학운위가 있어야 하니까 억지로 하는 느낌이 들 때도 많아요. 우리 학교는 입후보자가 없어서 교무부장 선생님이 일일이 부탁해서 구성됐어요. 의사결정 과정이 매우 형식적일 때도 많아요. 특히 업체가 입찰할 때 이미 학교에서 결정된 사항에 학부모는 사인만 하는 것 같기도 해요. 기업들은 학교운영위원회가 큰 힘이 없는 걸 아는 것 같아요. 브리핑도 성의 없게 해요. 입찰 과정에서 심의를 하는 거니까 중요한 일이니 질문을 해도 뭘 그런 걸 물어보냐, 그냥 대충하자는 태도를 보이기도 해요." **초등학교 2, 5학년생 학부모 김순우**

학교운영위원회가 이미 정해진 학교의 입장을 재확인하거나 합리화하는 '거수기' 역할을 하는 데 그치고 있다는 이야기를 한 교장도 있다. 학교운영위원회의 심의 과정이 학부모 참여라는 명분을 위한 것 같다고 말한 학부모도 있었다. 학교운영위원회가 법적으로 보장되어 있어도 학부모 입장에서는 자유롭게 제안하고 참여하기는 아직 어려운 듯하다.

그러나 학교운영위원회가 학부모의 학교 운영 참여라는 목표에 부합하고 학교와 학부모의 소통 창구 역할을 잘 해주고 있어서 매우 만족스럽다는 의견도 있었다.

"학교 입장에서는 의견을 청취할 수 있고 소통할 수 있는 기회가 돼요. 우리 학교는 학교운영위원과 협업을 많이 합니다. 학교운영위원회에서 통과되면 신뢰성이 생기고 책임 분담이 되는 것이 장점이에요. 민원이 발생하고 어떤 부모가 도교육청에 항의하겠다고 하면 학부모 대표가 중간에서 역할을 아주 잘 해주었어요. 과도한 민원이나 지나친 요구일 경우에는 학부모 대표가 먼저 나서서 민원을 바로 제기하지 않도록 이야기하더라고요. 중재를 하거나 학부모의 민원을 종합해서 학교에 전달해주기도 했어요." **경상북도 초등학교 교장 안명희**

학교운영위원회 활동과 관련하여 학부모, 교사의 이야기를 들으면서 학교운영위원회라는 제도의 효과는 결국 사람의 역량에 따라 달라진다는 것을 알 수 있었다. 학교운영위원회가 학교에서 제대로 작동하려면 학교와 밀접하게 접촉하여 활동하는 사람이 필요하고 그 사람의 책임감, 자질, 리더십도 매우 중요하다. 또 심의나 논의 과정에서 학부모에게 정보 공유를 더 세심하게 하고 기업의 브리핑도 실질적으로 성의있게 이루어지도록 하면, 답이 이미 정해진 형식적인 투표가 발생하는 것을 예방하고 학부모 의견이 실질적으로 반영되는 데 도움이 될 것이다.

학부모는 학교 교육활동의 당사자가 학생과 교사라는 사실을 기억하며 학교와 담임교사가 제공하는 정보를 보호하려고 노력해야 한다. 담임교사 입장에서는 학부모와 마음이 통하고 가정의 협조를 잘 받을 수 있으면 학급 운영과 교육활동이 원활해지니 학부모와 기꺼이 협업하고 싶은 마음이 든다. 교사와 학부모가 서로 믿으며 서로가 열어주는 그 마음을 소중히 여기면 좋지 않을까. 열린 학교에는 열린 마음으로 서로의 노력을 귀하게 여길 줄 아는 사람들이 있다.

우리 아이가 학교에서
배웠으면 하는 것

만 19세 이상 75세 미만 성인 남녀 4천 명에게 교사가 어떤 역량을 갖춰야 하는지 물었다.[7] 사람들은 초등교사에게 생활지도 역량(47.1%), 학생 및 학부모와의 소통 역량(16.9%), 학습지도 역량(16.6%)이 필요하다고 응답했다. 중학교 교사에게는 학습지도 역량(32.7%), 생활지도 역량(23.8%), 진로·진학 지도 역량(18.7%)이 필요하다고 응답했고, 고등학교 교사에게는 진로·진학 지도 역량(49.1%), 학습지도 역량(19.8%), 학급경영 역량(11.5%)이 필요하다고 응답했다. 이런 결과는 학부모와 인터뷰하며 나온 응답과도 일치했다.

"아이가 초등학교 저학년 때는 학교생활에 적응을 잘할 수 있게 해주기를 담임선생님에게 가장 많이 바랐죠. 고학년 때는 교우 관계에 문제가 생겼을 때 적절한 조언을 해주기를 바랐고요. 실제로 아이 6학년 때 담임선생님은 여자아이들 사이에서 뭔가 기류가 이상하면 분위기를 미리 파악하고 바로바로 해결해주셔서 좋았어요. 고등학교 때는 학습이 대입과 직결되다 보니 학습 분위기 조성에 힘쓴다거나 아이의 진로에 대한 상담, 자료 제공 등을 잘해주시는 분이 좋더라고요." **고등학교 3학년생 학부모 신민영**

사람들은 이렇게 아이가 어린 초등학생일 때는 원만한 교우 관계를 유지하며 학교생활에 잘 적응하기를 바라고, 학년이 올라갈수록 아이에게 맞는 진로 지도를 잘 받기를 기대한다. 초등교사에게만 학생 및 학부모와의 소통 역량을 두 번째로 많이 기대한다는 점이 특이한 부분이다. 초등학생 학부모들은 선생님과 학교에 대해 더 많이 알기를 원한다.

초등학생 학부모들에게 "학년 초에 어떤 것이 가장 궁금하나"라고 물었더니 '담임선생님의 스타일'이라는 대답이 가장 많이 나왔다.

"새로운 선생님을 만나면 선생님의 교육철학이 가장 궁금해요. 우리 선생님은 어떤 철학으로 아이들을 대하고 수업을 할까? 그런 거요. 선생님에게서 좋은 영향을 받았으면 하는 게 엄마들의 마음이니까요." **초등학교 1학년생 학부모 한유정**

여기서 '스타일'이란 교사의 외양과 취향이라기보다는 교사가 어떤 학급경영 원칙을 가지고 있느냐, 어떤 아동관을 가지고 있느냐 등 철학이나 가치관을 말한다. 실제로 교사가 가진 교육철학이나 가치관이 교육과정과 학급운영 방식, 교육 방침, 지도 방법을 결정하는 경우가 많다.

그렇다면 어떤 때 교사에게 실망하게 될까? 어떤 경우에 교사에게서 좋은 영향을 받을 거라는 기대를 하지 않게 될까? "선생님이 아이들에게 관심이 없고 책임도 회피한다고 느껴질 때" "과제나 생활 면에서 너무 깐깐해서 부담을 주고, 억압하고 두려움을 줘서 아이가 학교에서 교사와 심적으로 멀어지게 될 때" 같은 답변이 나왔다.

여러 학부모의 이야기를 들으면서 발견한 점이 있다. 교사에 대한 기대와 실망은 '가치'에 기반하고 있다는 점이다. 학부모들에게 "선생님에게 기대하는 바가 무엇이냐, 아이가 무엇을 배웠으면 좋겠냐"라고 물었을 때 학부모 대부분이 '신뢰, 자유, 책임, 사랑'과 같은, 가치나 정서와 관련된 것을 꼽았다. 어떤 이유로 선생님에게 실망하느냐 하고 물었을 때도 '무책임, 무관심, 냉정' 등 가치나 정서와 관련된 것이라고 응답했다. 또한 교사의 행위를 넘어 아이가 받을 영향을 중요하게 여겼다.

우리가 주목해야 할 점은 바로 이것이다. 정말로 아이의 입장에서 생각할 줄 아는 학부모는 교사가 하거나 하지 않은 행위가 아니라, 아이가 학교생활에서 무엇을 배웠고, 교사에게서 어떤 영향을 받았는지를 가치의 관점에서 바라본다.

학부모가 학교 교육에서 무엇을 기대하는지를 알고 싶으면 '교사에게 무엇을 바라는가' '교사에게 어떤 역량을 기대하는가'라고 묻기보다 '학교에서 자녀가 무엇을 배웠으면 좋겠는가' '교사에게서 어떤 영향을 받기를 바라는가'라고 물어야 한다. 같은 질문 같지만 질문을 받는 학부모 입장에서는 사고하는 관점이 달라지며, 실제로도 완전히 다른 대답이 나온다.

"선생님께 무엇을 기대하나요?"라고 물으면 학부모들은 선생님의 행동에 대한 평가와 선생님에게 기대하고 있는 행동을 말한다.

> "선생님이 아이들을 잘 이해해주고 허용해주는 분이었으면 좋겠어요. 아이가 여유 있는 마음과 자유를 누릴 수 있게요." **고등학교 2학년생 학부모 김재한**

반면 "선생님께 자녀가 무엇을 배웠으면 하나요?"라고 물으면 학부모는 아이의 성장, 변화에 관한 답변을 한다. 교사의 행동에 집중하기보다 아이에게 일어나는 아이 안의 변화에 주목하게 된다.

> "제일 먼저 만나는 사회이니 어른에 대한 신뢰, 친구 관계를 형성하는 방법 그런 걸 배웠으면 좋겠어요. 홈스쿨링과 학교가 다른 게 바로 신뢰 관계를 배울 수 있는 거라고 생각해요. 학교라는 작은 사회 안에서 배우며 크는 것들이 있어요. 다툼 후에 해결하는 방법, 혼난 후에 어른에 대한 신뢰감을 가지는 경험 등을 배우면 좋겠어요." **초등학교 2, 5학년생 학부모 김순우**

"선생님께 무엇을 기대하나요?"와 "선생님께 자녀가 무엇을 배웠으면 하나요?" 이 두 가지 질문은 모두 교사가 아이에게 해줬으면 하는 것을 묻는 것 같지만 질문의 초점이 다르다. 전자는 '부모의 입장'에서 바라는 것이고, 후자는 '아이의 입장'에서 바라보는 것이다.

부모가 아이의 담임선생님에게 기대하는 것과 아이가 담임선생님에게서 배웠으면 하는 것은 같지 않다. 담임교사가 부모에게 상세한 피드백을 개인적으로 전하지 않았어도 아이는 아이 나름대로 교사와 함께 생활하며 부모의 상세한 체크나 간섭 없이도 스스로 채울 수 있는 부분들을 깨달으며 자립하는 능력을 키워나갈 수 있다.

최근 교사들에게 많이 들어오는 학부모 민원 중 하나가 "아이의 상태(교우 관계, 수업 태도)를 문자나 전화로 보고해달라"라는 것이라고 한다. 학부모의 바람과 아이의 배움이 다를 수 있음을 기억하면 줄어들 수 있는 민원이다.

교사의 행위가 아이의 내적 배움과 반드시 연결되는 것은 아니라는 점도 중요하다. 교사들은 자신의 교육 행위에 집중하고 그것을 개선하고 발전시켜야겠지만 늘 교사들의 의도대로 아이들이 배우는 것은 아니다. 교사가 간혹 실수를 하더라도 그때마다 아이가 엄청난 트라우마를 겪고 회복될 수 없는 것은 아니라는 믿음이 부모에게 필요하다.

학교와 교사의 영향으로 우리 아이에게 어떤 변화가 생기길 바라는지, 아이를 중심에 둘 수 있는 질문이 많아지는 사회가 되었으면 한다. 조금만 관점을 바꾸어도 학교와 교사에 대한 평가와 기대가 달라진다. 아울러 학부모 입장에서는 교사와 학교에만 아이를 위해 무엇을 해야 하는지를 묻기보다는 자기 자신 또한 아이에게 어떤 영향을 미칠 수 있는지를 고민하게 되니 더욱 좋을 것이다.

관점에 따라 달라지는 것

수업 도중 일어난 안전사고 때문에 악성 민원에 시달린 교사들의 사례가 잇달아 뉴스에 나왔다. 이런 상황에서 한 초등학생의 아버지가 올린 글이 화제가 되었다.

아들이 반 친구가 던진 돌에 미간을 맞아 피가 났다. 친구가 실수로 한 것이니 이해해달라는 아들의 의견을 존중하여 이 학부모는 학교나 교사에게 민원을 제기하지 않았다. 그러면서 "이런 일로 선생님을 괴롭히지 말자. 선생님의 역량은 아이들을 가르치는 데만 쓰여야 한다"라고 말해 많은 공감을 불러일으켰다.

먼저 이 사건에서 아들은 친구가 일부러 자신에 대해 공격한 것이 아니라고 받아들였다. 아이 스스로 상황의 전체적인 맥락을 살펴보며 판단을 하려고 애쓴 결과다. 또 아버지도 그런 아들의 판단을 믿고, 아버지의 기준으로 과대하게 해석하거나 억측하지 않으려고 했던 것으로 보인다.

아이가 학교에서 다쳤는데 그 원인을 '교사의 관리 소홀'로 보지 않았다는 점도 최근 이슈가 되는 민원과 달랐다. 이 학부모는 사고가 교사의 지도 역량으로 막을 수 있는 일이었는지 아닌지를 객관적으로 판단하려고 했다.

이 학부모가 한두 명의 학생이나 부모로 인해 모두의 배울 권리가 침해될 수 있다고 인식하는 점도 중요하다. 일부 학부모의 과잉 대응으로 담임이 교체되면 다른 아이들은 이미 신뢰 관계가 형성된 담임교사와 헤어져야 한다. 대체 인력을 구하지 못하여 교육과정이 원활하게 운영되지 못할 때의 피해도 아이들이 입게 된다.

초등학교에서 학교폭력 담당 교사를 3년째 맡고 있는 성지호 씨는 과잉 대응하는 학부모로 인해 일이 커질 때가 많다는 이야기를 해주었다.

"교사를 고소하거나 민원을 넣을 때, 정말 무엇을 위해 하는 건지 생각해보면 좋겠어요. 어떤 때는 어느 학급에서나 있을 수 있는 갈등에 대해 여러 학생의 사과를 요구한다거나 교사를 아동학대로 고소하기도 하죠. 조사를 해보면 이건 사과할 일이 아니거나 아이들의 성장 과정으로 이해하고 해결할 수 있는 일일 때도 많아요. 그런데 끝까지 물고 늘어지는 분이 있어요. 그러면 도대체 무엇을 위해 이렇게까지 하는 건가 싶죠. 사실 학부모가 바라는 건 그리고 가장 좋은 건 아이들이 마음 편하게 학교에서 원만한 관계를 맺으며 배우는 걸 텐데요. 제발 부모로서 '뭐가 내 아이를 위해 가장 좋은 일인가'를 생각하면 좋겠어요." **17년 차 초등교사 성지호**

학교에서 일어나는 일이 교사와 학생 사이, 학생과 학생 사이의 2차원적인 일이라면, 학부모가 개입하는 순간 3차원적인 일이 된다. 차원이 다르게 더욱 복잡해진다.

교사도 가정에서의 일을 분명히 알 수 없듯, 모든 학부모는 학교에서의 일을 언제나 전해 들을 뿐이다. 그것이 학부모의 한계다. 학부모는 교사의 지도를 직접 받는 학생이 아니고 같은 공간에 있는 사람이 아니라서 언제나 아이의 시선, 다른 학생이나 학부모의 시선을 통해 전해 듣는다. 그러다 보니 같은 교사, 같은 교육활동에 대해서도 사람마다 다르게 평가한다.

> "저도 학부모지만, 학부모들이 같은 선생님에 대해서도 입장에 따라 참 다르게 평가한다는 걸 느껴요. 우리 반 선생님은 좀 엄하신 편이에요. 저는 아이들이 통제가 안 되어서 위험하거나 수업 진행이 안 되는 것보다는 엄하게 해서 잘 통제하는 방식이 아이들에게 더 좋다고 생각하거든요. 그런데 아이가 무서워한다고 선생님을 안 좋아하는 엄마들도 있어요." **초등학교 1학년생 학부모 유수현**

인터뷰에 참여한 학부모들은 대부분 '우리조차도 서로 보는 눈이 다르고 같은 일에 대하여도 의견이 다르다'라는 사실을 인식하고 있었다. 모두 더불어 사는 사회에서는 당연한 말인데도 학교에서는 존중되지 않고 자주 잊히는 진리다. 왜 그럴까?

> "학부모들도 학생이었기 때문에 다들 알고 있어요. 학생 때도 같은

담임에 대해 아이마다 받아들이는 게 다르잖아요. 아이와 선생님이 어떤 관계를 맺고 있느냐에 따라 다르겠지만 자존감이나 가정환경에 따라서도 다르겠죠. 그런데 요즘은 자기 아이가 상처받았다는 피해의식이 정말 강한 것 같아요. 아이가 누가 봐도 여러 친구한테 잘못해서 선생님이 사과를 하게 하면 아이가 잘못한 것을 고친다고 생각하지 않고 '우리 아이를 공개적으로 망신을 줬다'라고 하면서 선생님을 힘들게 하는 사람도 있어요." **초등학교 6학년생 학부모 진지은**

'내 새끼 지상주의'라고도 불리는 자기중심적인 해석 체계는 왜 생겼을까. 1960년대 경제가 발전하기 시작할 때는 모두 못살았지만, 그 이후 점점 잘살게 되다가 1997년 외환위기를 계기로 중산층이 붕괴되기 시작했다. 경제회복, 경제 활성화를 표방한 신자유주의로 인해 무한 경쟁 사회가 되면서 지금은 각자도생, 핵개인의 사회가 되었다. '열정 페이와 같은 희생은 없다'라는 말을 모토로 삼고 자신의 경제력과 영향력은 스스로 보호해야 한다는 사람들이 늘어났다. 특히 교육적으로는 억압받고 경제적으로는 자유 경쟁의 시대에 성장한 요즘 학부모들(1970년대 후반생~1980년대 후반생)은 자기보호의 가치를 누구보다도 뼈저리게 학습한 세대일지도 모른다. 그리고 그들의 자녀들은 부모보다 못살 수 있는 최초의 세대라고 하니, 최선을 다해 자식을 보호하겠다는 과잉 의욕은 합리화될 수 있을까.

"교사는 이렇게 해도 문제, 저렇게 해도 문제가 돼요. 예를 들어서 여름에 물총 놀이를 하는 반이 있으면 주변 아파트에서 운동장을 내려다보고 애들을 수업 시간에 저렇게 놀게 하느냐, 감기 걸리면 어떻게 하느냐 하면서 전화가 와요. 그런데 또 옆 반 엄마들은 저 반은 선생님이 열정적이라 물총 놀이도 하는데 우리 반은 그런 것도 안 한다고 해요. 남겨서 공부시키면 이런 걸 왜 하느냐, 학원을 못 가지 않느냐 따지고, 그냥 두면 관심 없다, 공부 안 시킨다, 공교육이 이래서 문제라고 하고요." **8년 차 초등교사 오인주**

교사와 학부모는 모두 무한히 흔들린다. 중심추가 있는 오뚝이조차도 흔들린다. 넘어져도 일어서면 다행인데 넘어져서 다치면 일어서기 어렵다.

누가, 어느 관점으로 보느냐에 따라 다르다는 점을 인정하고, '현실은 내 생각과 다를 수 있다'라는 사실을 언제나 기억하는 것. 아이들이 좋은 교육을 받을 수 있도록 지켜주는 어른들의 자세가 아닐까.

아이를 위해 참아야 하는
학부모의 심정

학부모는 대체로 '성급하고, 자기 아이 위주로 생각하고 민원을 쉽게 제기'하는 사람들인 것만 같다고 생각하는 시선도 있지만 이것 또한 매우 단편적이다. 실제 학부모들과 이야기를 나눠보면 그들의 심정은 훨씬 복합적이라는 사실을 알게 된다.

김선영 씨는 첫째 아이의 담임선생님의 방식에 난감할 때가 많았다고 털어놓았다.

"큰아이가 5학년일 때 담임선생님은 어떤 준비물이든 전날 갑작스럽게 알려주셨어요. 미리 알려주어야 준비가 가능한 준비물도 있잖아요. 수업 전날 오후에 다음 날까지 수업 자료를 출력해오라는 알림을 받을 때면 저희 집은 프린터가 없어서 늘 분주해졌어요. 가정 상황에 대한 배려가 부족해 가끔 화가 나기도 했지만, 그냥 선생님 스타일이려니 하고 맞춰가는 수밖에 없었죠. 미리미리 알려달라고

제가 말해봐야 우리 아이만 선생님과 불편해질 텐데요." 초등학교
1, 6학년생 학부모 김선영

김선영 씨는 "갑질을 하는 학부모는 도대체 어떻게 할 수 있는
건지 모르겠다"는 말도 덧붙였다. 준비물 준비, 알림장 안내 같은
학급 운영 방식은 교사에 따라 모두 다르다. 교사가 사전 준비를
부실하게 하는 것인지, 교사의 성격 때문인지 매번 갑작스럽게 공
지를 하는 이유를 학부모로서 알 수 없으니 아이의 입장을 생각해
서 교사에게 맞춰갈 수밖에 없다고 했다.

큰아이가 이번에 초등학교를 졸업한 이미연 씨도 아이를 위해
6학년 1년간 참을 수밖에 없었던 학부모의 심정을 자세히 이야기
해주었다.

"큰애가 첫날부터 같은 반 친구에게 배를 네 대 맞고 왔어요. 이야
기를 들어보니 때린 아이는 원래도 친구들을 자주 때려서 지도가 쉽
지 않은 아이라는 생각이 들었고 얼마 뒤 상담하는 날이기도 하여
그때 말씀드리려고 기다렸어요. 그 후로도 아이는 친구에게 계속
맞았고요. 상담 날 선생님께 이 문제를 말씀드렸는데 이 정도면 심
한 건 아니라고 하시면서 자신이 할 수 있는 일이 없다는 식으로 말
씀하셔서 놀랐어요." 중학교 1학년생 학부모 이미연

담임교사는 급식시간에 급식 지도를 하지 않고 아이들이 배
식 순서를 기다리는 동안 본인만 식사를 한 뒤 사라졌다고 한다.

쉬는 시간에는 아이들에게서 눈과 귀를 닫은 것처럼 행동했다. 아이들이 교실에서 싸우든, 친구 한 명을 때리며 욕하든 전혀 관여하지 않았다. 보다 못한 옆 반 교사가 아이들을 지도하는 경우가 잦았다. 학기 말에는 한 아이가 집중적으로 괴롭힘을 당했는데, 그 아이의 학부모도 교사를 만나본 후 교사의 무관심한 태도를 확인하고 대응을 포기했다.

> "선생님의 여러 행동을 보고 '말해봐야 소용없다'는 생각이 들어 좌절했어요. 선생님이 마음이 많이 아프신가 생각도 해봤어요. 그런 이유가 아니라면 그 정도로 아이들을 놓아버릴 수 있을까 해서요."

이미연 씨는 이 일을 교장이나 교감에게 이야기하거나 교육청에 민원을 넣지 않았다. 선생님이 이런 상태라면 교장이나 교감이 나선들 근본적인 변화가 없고, 아이와 선생님 사이만 불편해질 것이라고 생각했기 때문이다. 학교폭력 신고는 최후의 수단이라고 생각했다. 반 친구에게 그 뒤로도 맞은 적이 몇 번 있었지만 강도가 더 심해지지는 않아 졸업까지 학교폭력신고를 하지 않았다.

이미연 씨와 같은 반 학부모들은 교사와의 상담으로 상황 개선을 시도하다가, 교사의 태도와 행동에 실망하고, 낙담하기에 이르렀다. 그리고 버티기를 택할 때는 교사의 입장을 이해하고 교사의 행동에서 납득할 만한 이유를 찾으려고 나름대로 애를 썼다. 학부모의 심리변화는 이처럼 다층적이었다.

박정은 씨의 첫째 아이도 중학생이 되었다. 아이가 6학년이었을 때 담임교사의 무책임한 태도를 보고 민원을 넣고 싶었지만 하지 못했다.

"큰애의 담임선생님은 자유를 중시한다고 하면서 아이들이 놀자고 하면 수업을 하지 않았어요. 저희 아이는 학원도 다니지 않았기 때문에 학교 선생님의 수업이 중요했는데, 진도는 거의 나가지 않고 노는 시간이 더 많으니 늘 초조해했어요. 선생님은 아이들이 노는 동안 주식투자 책을 읽으신대요. 진도 안 나가냐고 어떤 아이가 물으면 애들이 놀자고 하는데 너는 왜 불만이냐고 면박을 주는 모습을 보고 저희 아이는 말도 못 했대요." **중학교 1학년생 학부모 박정은**

교사에게 직접 민원을 제기했다가 아이에게 피해가 갈까 봐 우려한 박정은 씨와 다른 학부모들은 학교운영위원회를 하는 한 학부모를 통해 교장에게 전달하는 방법을 택했다. 그런데 담임교사의 지도 방식은 자신도 어쩔 수 없다며, 이런 민원은 자기에게 말하지 말라고 하는 교장의 대응에 학부모들은 충격을 받았다.

"너무 절망스러웠어요. 선생님은 이후로도 계속 아이들을 놀게 하고, 본인은 주식투자 책을 읽거나 유튜브를 보셨어요. 결국 아이의 학급은 학기 말에 진도를 급하게 나갔고 수행평가도 숙제로 냈어요. 아이는 제대로 공부를 하지 못해서 불안해했고, 저는 학교에 대한 기대를 버리고 학원을 보내기 시작했어요. 공교육을 책임지지 않는 사람들 때문에 사교육으로 내몰렸다고 생각해요."

박정은 씨는 공교육에 더는 개선을 요구하지 못하고 사교육을 택하는 것으로 침묵해버린 자신의 처신을 후회했다. 본인이 용기가 없어서 아이를 보호하지 못했다는 무력감이 아직도 남아 있다. 박정은 씨에게 무엇 때문에 적극적인 민원제기와 개선요구를 단념하게 되었는지 물었다.

> "민원을 밀어내는 학교장의 태도와 서이초 사건 이후의 사회 분위기가 결정적이긴 했어요. 뭘 말해도 사람들은 우리를 진상 학부모로 보겠지 하는 생각이 들었고, 아이가 아동학대나 폭력을 당한 것도 아닌데 이 정도는 사소한 문제인 것인가 등 확신이 부족했어요. 또 학부모들은 담임선생님에게 문제가 있다는 사실은 모두 인식하고 공감했지만 6학년인데 이제 문제제기를 해서 뭐하냐는 반응도 있었어요. 중학교에 진학할 때 선생님께 추천서를 받아야 하는 아이도 있어서 그렇게 지나간 것 같아요."

학부모도 여러 가지 이유로 적극적인 민원을 꺼린다. 교사 개인의 성향이나 태도, 학교장의 마인드, 학교의 민원 시스템, 아이의 학년, 주변 학부모의 동조 여부, 서이초 사건과 같은 사회 분위기 등…… 그러나 무엇보다도 가장 큰 이유는, 교사를 교실에서 대면하는 사람은 아이라는 사실이다. 그 때문에 민원을 포기하고 생각을 바꾸는 쪽을 택하는 학부모도 많다.

교사가 학부모의 어떤 행동 때문에 당혹스럽고 불쾌하지만 일일이 대응하기 애매한 경우가 많은 것처럼, 학부모 또한 교사의 행동에 그럴 때가 많다. 교사도 인간이기에, 일반적인 학부모라면 자신의 표현이 아이의 학교생활에 어떻게 영향을 줄지 걱정하기 마련이다.

학부모들의 사례를 들으며, 공교육을 살려야 한다고 주장하면서 교사, 교감, 교장은 자신의 역할을 다하고 있는지 의문이 들었다. 공교육을 살리려면 무분별하고 무고한 과잉 민원으로 교사의 사기를 꺾지 않아야 하기도 하지만, 교사 역시 공교육을 이끌어가는 사람으로서 학생 지도에 최선을 다하고 교감, 교장도 관리자로서 책임을 다해야 한다.

진상 학부모가 될까 봐 민원제기를 참았던 박정은 씨가 교사와 학교에 실망한 것은 이번이 처음이 아니었다. 첫째 아이의 3학년 때 담임교사는 아이들이 떠든다는 이유로 아이들이 그리던 그림을 모두 쓰레기통에 넣거나 아이가 그리던 그림을 찢어버리는 등 매우 감정적인 모습을 자주 보였다. 이야기를 들은 학부모들이 교무실에 전화를 하면, 부모에게 말한 아이를 찾겠다고 아이들을 혼냈다.

이런 경험이 있기에 자질이 부족한 교사와 무능한 학교에 제대로 문제제기를 하지 못한 자신이 더욱 무력하게 느껴질 법도 했다. 하고 싶은 말은 많지만 하지 못한 학부모에게서 오랜 시간 억눌려 있던 가슴속의 응어리를 느낄 수 있었다.

그런 박정은 씨가 반가운 이야기를 전해주었다. 인터뷰를 준비하며 주변 학부모에게 물었을 때, 교사에 대해 좋은 경험을 말하는 사람이 예상외로 많았다는 것이다.

"주변에 물어보니, 딱히 나쁜 선생님이 없었다거나, 좋은 선생님만 만났다거나, 힘든 선생님은 있었지만 우리 애하고 잘 안 맞았을 뿐이라고 이야기하는 학부모가 많았어요. 세상에는 좋은 선생님, 책임감 있는 선생님이 더 많다는 사실을 저도 이번에 알게 되었습니다."

교사 역시 그럴 것이다. 세상에는 좋은 학부모, 가정에서 책임을 다하는 학부모가 더 많다는 사실을 알고, 또 믿고 있을 것이다. 그래서 학부모와 교사는 같은 곳을 바라보며 함께 가야 한다.

그토록 오래 꿈꿨는데
너무나 흔들렸던 시간

인터뷰이 정보

> **정이현** 사립초등학교를 나와서 공립 중고등학교를 다니고 교대를 지망하는
> 고등학교 3학년생. 아버지는 초등교사, 어머니는 중등교사. 초등학교
> 5학년 때부터 초등교사를 꿈꿨음.

Q 대한민국에서 학생으로 살아온 나의 18년을 돌아본다면 뭐라고 표현할 수 있을까요? 이미지나 비유, 짧은 문장도 좋습니다.

이현 '광부' 같아요. 실패할 수도 있고 그 속에 어떤 게 있을지 모르는데 일단 열심히 파는 광부요.

Q 광부처럼 일단 굴을 파고 보는 사람의 마음은 어떤 것 같나요?

이현 마음이 좋지만은 않지만 끝이 있을 거라고 믿고 일단 열심히 파보는 거죠. 굴 안에서라도 작은 성취를 느끼는 친구는 포기하지 않고 끝까지 열심히 파는 것 같고, 눈앞이 깜깜하다고 느끼는 친구는 굴 파는 걸 포기하고 다른 굴을 파는 것 같아요.

Q 중도에 포기하는 친구들은 어때요? 우리나라 교육 시스템에서는 절망적이라고 느끼지는 않나요?

이현 그런 친구는 생각보다 공부 자체에 의미를 두지 않아서 그렇게 절망적이지만은 않아요. 고등학교 2학년이 되면 위탁교육(직업교육)으로 미용실 같은 곳에 가서 배우는 친구들도 있고, 다들 각자 하고 싶은 걸 잘 찾는 것 같아요. 절망도 공부에 뜻이 있는데 잘 안될 때 느낄 수 있는 것 같아요.

Q 공교육이 그런 친구에게도 괜찮다고 느끼나요?

이현 학교는 기본 소양을 가르치는 곳이잖아요. 모두가 학교에서 가르치는 내용 정도는 배워야 한다고 생각해요. 우리나라 공교육도 그리 나쁘지 않아요.

Q 본인의 성적이 상위권이어서 학교에 우호적으로 느끼는 건 아닌가요?

이현 제 성적은 상위권이 아니에요. 진짜 상위권인 애들은 상위권 성적을 유지 하느라 더 많이 힘들어하고 스트레스도 심하게 받는 것 같아요. 저는 초등 학교는 사립을 다녔는데 그 학교만의 방식으로 배우다 보니 일반 교과서 도 일부만 발췌해서 배웠어요. 그래서 상식이 부족하다는 걸 종종 느껴요. 초등학교에 다닐 때는 행복했지만, 공립학교에서 공통으로 가르치는 내 용을 배우면 살아가는 데 도움이 되는 것 같아요.

Q 고등학교 3학년이고 교대를 지망했으면 사교육도 많이 받았을 것 같아요.

이현 학원이나 과외는 대치동 쪽이 수업의 질이 더 좋다고 느꼈어요. 고등학교 3학년이 되고 나서 처음으로 대치동 선생님 수업을 들었는데 제가 지금 사는 지역의 학원보다 훨씬 체계적이고 교재 수준이 높더라고요. 왜 그렇 게 다들 '대치동, 대치동' 하는지 알겠더라고요.

Q 사교육 없이 공교육만으로 교육이 가능하다고 생각하나요? 학생으로서 느낀 사교육과 공교육의 관계는 어떤가요?

이현 현실적으로 불가능할 거예요. 대치동에 가보니 이미 걷잡을 수 없이 사교 육 시장이 커졌고, 사교육을 규제해도 학원들은 어떻게든 법에 저촉되지 않는 방향으로 다른 방법을 찾는 것 같아요. 엄청나게 애쓰는 거죠. 그래 서 사교육을 규제한다고 해서 없어질 것 같지 않아요. 수업의 질이 다르다 고 했는데 학원 강사들은 하루 종일 그 수업 하나를 위해서 교재도 쓰고 수업 준비도 하잖아요. 학교 선생님들은 행정 업무도 있고 민원도 있고 현 실적으로 수업 하나에만 온전히 집중하기가 어려워서 어쩔 수 없이 질적인 차이가 생기는 것 같아요. 수험생이 되면 사교육에 딱히 반감은 없어요. 사 교육은 어쩔 수 없이 해야 하는 거 같아요.

Q 학원에서 얻는 배움과 학교에서 얻는 배움이 어떻게 다른 것 같아요?

이현 학원에서 얻는 배움은 문제를 잘 풀기 위한 배움이에요. 학교에서는 문학 작품 자체를 배우지만 학원에서는 문제를 어떻게 잘 풀 수 있는지, 대응책을 알려주죠. 킬러 문항을 없앤다고 하면서 유형이 바뀌었는데, 그럴 때도 이런 문제는 이렇게 풀면 된다는 식으로 알려줘요. 이런 걸 학교에서는 가르치지 않으니까 수험생 입장에서는 학원에서 얻는 게 더 많다고 느낄 수 있죠. 수능시험이 없다면 사교육도 필요하지 않을 것 같아요. 교육이라는 의미에서 더 좋은 곳은 당연히 학교예요. 학원은 어차피 시험 때문에 가는 거니까요.

Q 사교육이 없다면, 공교육에서는 그런 교육의 의미가 실현되는 것 같아요?

이현 학교에서 제일 중요한 것은 사회화잖아요. 그런 면에서 모둠활동도 하고 무임승차하는 친구도 만나보고. 사회에 나가기 전에 예방접종을 하는 느낌이죠. 그런 교육적인 경험이 학교에서는 가능해요.

Q 최근 초등교사와 중등교사가 연이어 목숨을 끊은 일이 있었어요. 학생으로서 선생님들의 죽음에 대해 어떻게 생각하나요?

이현 선생님은 주로 가르치는 일을 한다고 생각했는데 생각보다 업무가 더 많다는 걸 알게 됐고, 그런 일이 일어나서 너무 안타까웠어요. 저는 교사인 부모님이 업무로 힘들다고 하실 때도 어떤 문제로 힘드신지 잘 이해하지 못했어요. 그런 걸 알아주지 못해서 죄송하다는 마음도 들었어요. 아무래도 교육 분야를 준비하다 보니 남일 같지 않더라고요. 계속 교육 분야를 희망해도 괜찮을지 진지하게 고민하게 됐어요.

Q 고등학교 내내 교대를 지망하고 준비했는데 고등학교 3학년 때 진로를 갑자기 바꾸는 게 지금 입시 체계에서 가능한가요?

이현 거의 불가능하죠. 사실상 어려워요. 서이초 사건이 7월에 있었고 7월부터 9월 사이에 원서를 쓰면서 고민을 엄청 했어요. 진로를 갑자기 바꿀 수도 있다고 생각하니 내가 3년 동안 했던 노력이 모두 물거품이 된 것 같았어요. 이 길이 맞는 건지도 확신이 안 들었고요. 뉴스가 나올 때마다 우울해서 일부러 보지 않으려고 했었어요. 저는 원서도 6개 다 교대를 쓰려고 했는데 결국 다른 분야도 몇 개 썼어요. 학생부 종합전형으로 진학을 할 거면 진로를 바꾸는 게 입시에 불리해요. 제 친구는 계속 경영 분야를 준비하다가 법 분야로 과를 바꿨는데 이 문제로 면접에서 매서운 질문을 받았다고 하더라고요. 네가 법 분야에 대해 준비해온 게 없는데 아는 게 뭐냐고요.

Q 교대 진학만 생각하고 있다가 다른 곳도 고려해야 하는 상황에 처해서 고민이 많았겠어요.

이현 교대에 간다고 했을 때 선생님들이 많이 말리셨어요. 제가 고등학교 1학년이었을 때만 해도 교대에 대한 이미지가 괜찮았어요. 입시 성적도 높았고요. 그런데 3학년 때부터 상황이 달라졌어요. 어떤 선생님은 자기 딸이 교대에 간다고 하면 집 밖으로 못 나가게 막을 거라고 하시고, 담임선생님도 다른 과를 써보지 않겠느냐고 권하시더라고요. 선생님이 되겠다는데 오히려 현직 선생님들이 말리시니까 마음이 좀 불편했죠.

Q 씁쓸했겠네요. 학교 선생님들을 생각하면 떠오르는 이미지나 설명이 있나요?

이현 정말 열심히 하시는 선생님도 계세요. 제가 좋아했던 선생님은 수업 교재도 본인이 직접 쓰셔서 매년 더 나은 교재로 가르쳐주셨어요. 본인이 쓰셨으니까 더 잘 가르쳐주시는 것 같고요. 반면에 20년 전과 똑같이 가르치는 것 같은 선생님도 계세요. 자기 계발을 안 하는 분위기가 선생님들 사이에 좀 있는 것 같아요.

Q 교대는 어떻게 지망하게 되었어요? 교직을 꿈꾸게 된 계기는 무엇인가요?

이현 초등학교 5학년 때 담임선생님이 좋아서 그때 처음으로 '아, 나도 커서 교사가 되어야겠다'고 생각했어요. 초등학교 때가 인격이 형성되는 시기잖아요. 그래서 그때 아이들에게 좋은 영향을 주고 싶었어요. 주변에 교사 분들이 많아서 자연스럽게 교사를 꿈꾼 것도 같아요. 왜 교대를 가냐, 약대를 가는 게 낫지 않느냐는 분도 계셨는데 보통 회사원이나 약사는 주어진 일을 반복하는 반면에, 교사는 자신이 맡은 교실에서 자기 방식대로 수업을 하는 주체성이 있다고 생각해서 교사를 하고 싶었어요. 그런데 이제는 교사가 아이들을 가르칠 때도 굳이 잘하려고 나서면 안 되는 분위기라고 하니 교대 진학 선택을 앞두고 더욱 흔들렸어요. 교사로서 애들 앞에 나서서 할 수 있는 게 없다면 '내가 왜 교사를 해야 하는 거지?' 하는 생각이 들어서요.

Q 교내에서 학생의 인권과 교사의 인권은 어떤가요? 학교에서 학생과 교사의 인권이 잘 지켜지는 것 같나요?

이현 인권을 침해당했다고 느낀 적은 별로 없는 것 같아요. 교사와 학생 간에 균형이 잘 맞아야 한다고 생각해요. 학생 인권 교육은 받아봤는데 교권 침해나 교사 인권에 관한 교육은 스마트폰 사용 문제만 빼고는 딱히 없어요. 그런 교육도 필요한 것 같아요.

Q 지금까지 12년간 학부모인 부모님을 지켜봤잖아요. 학부모는 어때야 한다고 생각하나요? 학생의 관점에서 학부모들에게 어떤 말을 해주고 싶나요?

이현 학교, 교사, 학생을 좀 더 믿어줬으면 좋겠어요. 교사는 특히 자기 분야에서 전문가잖아요. 그런데 아이를 키워봤다고, 특히 젊은 미혼 교사에게 자꾸 간섭하려고 하는 경향이 있는 것 같아요. 교육과 육아는 구별되어야 하는데 말이죠. 또 초등학교에서는 학부모가 아이 말만 듣고 행동하지 않는 게 중요한 것 같아요. 요즘 학부모는 교사 말은 믿지 않고 아이의 말만 전적으로 믿고 판단하는 것 같아요. 집에서는 가족이 화목하게만 지내도 부모님의 역할은 다한 거라고 생각해요. 가정이 화목하면 수험생활을 해도 스트레스가 적어요. 제 경우에도 고등학교 3학년 때 집에 가면 마음이 좀 편안해지고 스트레스가 풀렸어요. 그런데 제 친구는 집에만 가면 부모님이 형제끼리 성적 비교하면서 잔소리를 많이 하시니까 스트레스가 심한 것 같더라고요.

3

학교의 시선

: 우리가 보지 못한 아픔들

챗봇이 상담을 한다고요?

교사 사망 사건 중에는 학부모가 교사에게 300건 이상의 민원, 1,500건 이상의 민원을 제기한 사건도 있었다. 교권을 무너뜨리고 학교를 뒤흔드는 무분별한 민원 접수의 배경에는 무엇이 있는 걸까.

우선, 학부모의 민원 기준이 달라졌다. 양육과 가사, 경제생활을 많은 식구와 동네가 분담했던 과거와 달리 사회가 핵가족화되고 공동체는 약해졌다. 부부가 다른 식구의 지원 없이 아이를 돌보며 경제생활도 해야 한다. 분업화, 전문화된 사회에서 보육, 살림, 부모 노릇 등 한 사람이 하던 총체적인 역할을 조각조각 나누어 위탁하는 경향은 강해졌다. 자연히 학교에 더 의존하게 되면서 민원의 범위는 넓어지고 기준은 낮아졌다.

학교는 교육을 하는 곳인데, 학교에 대해 보육을 기대하는 사람이 늘었다. 보육은 어린이의 자연적 발달이 안전하게 이루어지도록 보호하고 돌보는 일이다. 교육은 인위적으로 달성해야 할 목표가 있는 행위다. 어린이의 신체적, 정신적 건강을 위해서 보육과 교육 모두 중요하지만, 연령과 발달단계에 따라 보육과 교육 둘 중 더 중요하고 집중되어야 할 것이 있다. 많은 학부모가 아이들의 발달단계나 종사자의 전문 분야에 대한 고려 없이 아이들의 일을 모두 '학교의 일'이라고 인식한다.

다음으로, 누구나 민원을 제기하기가 매우 쉬워졌다는 점도 민원 공화국이 된 배경이다. 대표적인 민원 창구가 국민신문고다. 국민신문고의 시초는 2000년 김대중 정부가 국정개혁 사업의 일환으로 시작한 청와대 인터넷 신문고였다. 국가권익위원회가 2005년에 청와대 인터넷 신문고와 국민고충처리위원회의 고충민원 서비스를 통합하여 운영하기 시작하면서 지금의 국민신문고가 되었다. 이때부터 간단한 본인확인 절차를 거쳐 민원과 제안 신청을 쉽게 할 수 있도록 시스템이 구축되기 시작했다.

문제는, 국민신문고에 접수되는 민원이 엄청나게 많다는 점이다. 학교에 접수한 민원에 대한 답변이나 대응이 만족스럽지 않을 경우, 공공기관이 답변을 하도록 되어 있는 국민신문고에 민원을 접수하는 경우가 많다.

국민신문고에 접수된 민원은 교육청에 이관되어 각 학교에 전달된다. 이 과정에서 교사들은 민원인이 만족하도록 답변이나 처리를 하라는 압박을 학교 관리자, 교육청으로부터 받는다.

실제로 일부 학부모는 국민신문고를 학교와 교사를 압박하는 수단으로 쓴다. 2023년 교사들의 사망 사건 배경에 국민신문고에 감사와 징계를 요구한 학부모의 민원이 있었다는 뉴스가 여러 차례 나왔다.

학교는 구성원이 의견을 내면서 발전한다. 그러나 국민의 민원 창구가 익명의 다수에게 발언의 장을 열어놓은 채, 관련자에게는 성실 답변이라는 무한한 책임만 요구하며, 무분별과 무고가 필터링 되지 않는 아고라로 작용한다면 이대로 괜찮은 것일까?

국민신문고 외에도 학교는 다양한 경로로 민원을 받는다. 학교 누리집, 전화, 학급 소통 채널, 교사 개인 전화 등으로 민원이 제기된다. 교사들의 고충이 다수의 민원에서 유발된다는 인식이 생기면서 민원접수 시스템을 확립해야 한다는 목소리가 커지기 시작했다.

초등교사 커뮤니티 인디스쿨에서 교사들이 교육현장을 바꾸기 위해 자발적으로 TF팀을 조직했다. 80여 명으로 구성된 교사들은 문제행동 학생 지도, 학교폭력, 민원처리 시스템, 〈아동학대처벌법〉에 대한 세세한 설문조사 도구를 만들고, 1, 2차 설문에 걸쳐 교사 3만 7천여 명이 답변한 결과를 정리하여 300쪽에 달하는 보고서를 작성했다. 그 안에는 민원처리 시스템 관련 제안으로 '민원 전담 챗봇 도입'이 담겨 있다. 간단한 민원은 챗봇 시스템으로 대응하자는 것이다.

챗봇 시스템으로 민원에 1차 대응을 하면 체험학습신청방법 등과 같은 단순 사실 확인을 위한 민원에 일일이 응대해야 하는 부담이 줄어든다. 또 챗봇이 1차 응대를 함으로써 지나치게 감정적인 항의를 완충하는 역할을 하게 된다. 학생 문의나 민원처리를 돕기 위해 AI 챗봇을 도입한 대학도 이미 있다. 금융감독원이나 법무부,

경기도청 등 여러 공공기관에서도 이미 상담봇을 활용하고 있다.

현장교사 정책 TF팀 연구보고서에서는 학교 현장의 민원이 다른 기관들과는 다른 점이 있다고 지적했다. 학교에 들어오는 민원은 학사 운영 등 학교생활에 관한 단순한 질의응답부터 아동에 대한 교육적 상담, 교사의 권한을 벗어난 행정 관련 민원까지 다양하다. 또 민원인이 학교 교육활동의 당사자인 학생이 아니라 학생의 대리자, 아동의 보호자라는 점도 학교 대상 민원의 특징이라고 분석했다.

1차 설문 당시 2만 1천여 명의 교사 중 94.3%가 교육청 주도의 ARS 또는 챗봇이 민원에 1차 대응을 해야 한다고 응답했다. 이런 학교 민원의 특수성을 체감하는 교사가 많다는 뜻이다.

뉴스에서 민원 대응 챗봇 도입에 관한 계획이 나오자 몇몇 맘카페에서는 회의적인 글이 올라오기도 했다. 학부모 입장에서는 아이의 건강 상태나 갑작스러운 일로 출결과 관련하여 당일에 급하게 교사에게 연락해야 할 때가 있다. 그럼에도 교사와 학부모가 민원의 첫 단계에서 직접 접촉하지 않는 방안을 개발, 적용하는 일이 실현될 것으로 보인다. 교사와 학부모가 업무담당자와 민원인이라는 무미건조한 관계가 될 수밖에 없는 지경에 이른 것인가 묻게 되는 현실이 안타깝다.

"솔직히 이런 서비스가 아직도 없었다는 게 놀랍습니다. 학교에 다니는 애들이 얼마나 많은데 지금까지 교사가 혼자 그 많은 연락에 응대하고 있었다는 사실이 일반 기업에 다니는 제 입장에서는 솔직히 이해가 안 가요. 교사를 보호할 1차 보호막이 아무것도 없이 민원인을 만나야 하는 거잖아요. 기업에서는 복잡한 민원을 상관이 대응하고 책임지죠. 고객이 따지러 와서도 '여기 책임자 누구냐'라고 묻잖아요." 초등학교 1학년생 학부모 임희준

실제로 현장교사 정책 TF팀 연구보고서에 따르면 응답한 교사의 34%가 민원 발생 시 혼자 처리한다고 답변했고, 52%가 동료교사의 도움을 받는다고 응답했다. 교육청의 도움을 받는다는 0%, 민원 매뉴얼의 도움을 받는다는 0%였다.

학교의 민원을 교육청 차원에서 해결하라는 요구가 있었고, 2023년 9월에 서울시 교육청은 24시간 민원 응대를 할 수 있는 챗봇 시스템을 개발하겠다고 공표했다. 그리고 2024년 1월부터 챗봇 민원 응대 시스템을 시범 도입했다.

실제로 이용해보니 학교 개별 사항에 관한 민원은 학교 누리집이나 전화번호 안내로 연결하고 있어 결국 최종 민원 대응은 학교에서 해야 한다는 한계가 있었다. 앞으로 학교로 직접 전화하거나 문의를 했을 때도 학부모가 큰 불편을 겪지 않고 교사도 보호할 수 있는 세심한 챗봇이 개발되려면 시간이 꽤 필요해 보인다.

학교에 문의하거나 민원을 제기할 때 AI 챗봇을 먼저 만나야 하는 현실은 이제 눈앞에 다가왔다. 언제나 친절히 학생에 대한 문의와 상담에 응대해줄 것을 교사에게 요구할 수 있었던 시대와 비교하여 지금 우리가 잃은 것은 무엇인지, 지금이라도 지킬 수 있는 것은 무엇인지 생각해보아야 할 때다.

유니콘과 몬스터

유니콘은 흰 말과 같은 모습에 이마에 뿔이 하나 있는 상상의 동물이다. 요즘은 사람들이 이상형에 가까운 존재를 일컫는 말로 자주 쓴다. '엄친아'의 새로운 표현이기도 하다.

교실에도 유니콘이 있다. 교사 커뮤니티나 단톡방에는 '우리 반 유니콘' 자랑이 종종 올라온다. 교사들도 예쁜 학생에게 받은 감동을 나누기를 좋아한다. 학생은 교사라는 직업의 존재 이유이자 교사 생활의 중심이기 때문에 어쩌면 당연한 일이다. 그런 중요한 인물에게서 감동을 받으면 교사의 자존감과 효능감이 높아지고 교사로서의 정체성이 자랑스러워진다. 교사들에게 학급에 유니콘이 있는지 물어보았다.

"있죠. 이 학생들 덕분에 힘을 많이 받아요."

"유니콘? 세상에 유니콘은 없어요."

유니콘은 존재하지 않는다고 하는 교사는 별일 없이 하루가 흘

러가기만 해도 감지덕지하다는 말을 덧붙였다. 학급 구성원의 성격이나 인원, 학교 환경, 선생님과 학생들의 합에 따라서 유니콘은 있기도 하고 없기도 하다.

교사들은 어떤 학생을 유니콘이라고 할까? 예전에는 교사들이 모범생만 예뻐한다는 편견이 있었다. 그렇지만 요즘 유니콘은 단순한 모범생과는 조금 다르다. 교사들도 철학이나 지도 방식, 성향, 패션 등이 다양한 만큼 모범 학생의 기준도 선생님마다 다르다. 그래도 대부분의 사람들이 동의하는 요소가 있긴 하다.

"저희 반 유니콘은 스스로 할 일 잘하고, 책임감 있고, 말도 공손하고 예쁘게 하고, 속상한 친구들 잘 다독여주고, 다른 사람에게 고마운 마음을 표현할 줄 알고, 뭐든 열심히 참여하고, 사려 깊고 배려심 넘치고, 공부도 잘하면서 아이다운 모습도 있어요. 솔직히 장점이 더 있는데 그걸 표현할 적당한 말을 못 찾겠네요." **5년 차 초등교사 유성호**

"제가 생각하는 유니콘은 순간적으로 어른 같다고 생각하게 만드는 아이 같아요. 아이는 아이다운 게 좋다지만 단체생활을 할 때 척하면 알아듣고 아이라면 속상할 수도 있는데 '그럴 수 있지' 하는 마인드를 가진, 또래에 비해 여유 있고 어른스러운 아이 말이에요." **3년 차 초등교사 권지원**

이렇게 글로 써놓으니 정말 이런 아이가 있나 싶다. 존재하지 않을 것 같은 학생이라서 유니콘이라고 하는 걸까? 그런데 실제로 있다는 사실도 놀랍다.

> "욕하지 않고, 화장하지 않고, 숙제나 체험학습보고서 같은 거 밀리지 않고, 친구 따돌리지 않고. 그런 아이들이 모여 있으면 그 학급 자체가 유니콘이죠. 올해가 딱 그랬어요." 7년 차 초등교사 허수민

하지 말아야 할 것을 하지 않았을 뿐인데 유니콘이 될 수도 있다. 교사들은 유니콘이 교실에서 탄생하는 것이 아니라 어딘가에서 날아오는 것이라고 믿는다. 그 유니콘은 어느 가정에서 태어나 잘 자라서 우리 교실로 날아오는, 인간인 내 능력만으로는 만들 수 없는 전설적인 존재다. 그리고 그 가정에는 대부분 유니콘 아이의 부모, 즉 유니콘 부모님이 있다.

일본에는 '몬스터 페어런츠'라는 말이 있다. 다행히도 우리나라에서 교사들이 특정 부모나 아이를 '몬스터'라고 표현하는 경우는 아직 많지 않다. 그 대신 '진상'이란 표현을 자주 쓴다. 그래도 아직 우리나라 교실에는 전설의 생물체 중 유니콘만 있으니 얼마나 다행인가.

물론 금쪽이, 납쪽이라는 별명이 있긴 하다. 금쪽이는 한 방송 프로그램의 영향으로 가정이나 학교에서 지도하기 어려운 아이를 일컫는 말이 되었다. 교권이 어느 정도까지 무너졌는지 하나둘 드러나면서 "금쪽이는 금이 아니라 납쪽이다"라는 말도 나오기 시작했다.

좋은 표현인 유니콘조차도 낙인효과(한번 나쁜 사람으로 낙인찍히면 의식적·무의식적으로 부정적인 행동을 하는 현상)가 있어서 그 사람이 그 사람일 수 없게 만들기 때문에 잠시만 이런 표현을 빌려 써본다.

아이가 금쪽이라고 해서 부모가 항상 진상 부모인 것은 아니다. 부모가 비상식적인 행동을 하고 잘못된 점도 모르는 염치 없는 모습을 보이더라도 아이는 그렇지 않은 경우도 아주 드물게 있다.

그러나 대체로 "콩 심은 데 콩 나고 팥 심은 데 팥 난다"라는 속담은 진리다. "A tree is known by its fruits(나무는 그 열매를 보면 안다)"라는 영어 속담이 있는 걸 보면 후손은 그 뿌리를 닮는다는 생각은 만국 공통인 듯하다.

김현수 정신건강의학과 교수는 책《괴물 부모의 탄생》에서 몬스터 페어런츠의 자녀가 가진 공통점을 다음과 같이 소개한다.[8]

- 스스로는 자신을 돌보지 못함
- 낮은 감정 지수
- 낮은 스트레스 회복력
- 대인 관계 능력 부족
- 강력한 충동성
- 즉각적인 만족감 추구
- 심각한 부모 의존성: 스스로는 삶의 방향과 목표를 알지 못함
- 책임감 부족

몬스터 페어런츠의 자녀가 가진 특징이 아니라 지도가 어려운

금쪽이의 특징이라고 해도 통할 것 같다. 김현수 교수는 이런 특징이 부모의 과잉 통제 속에서 순종과 의존이 지나쳐 생길 수도 있고, 아이가 부모와 자신을 동일시하면서 부모의 반사회적 속성이나 자기애적 속성 일부를 흉내 내기 때문에 나올 수 있다고 했다. 부모가 괴물이 되면 자기 아이부터 해치는 셈이다. 최근 들어 우리나라에서도 '괴물 부모'라는 말을 쓰기 시작하는 것을 보면 더 늦기 전에 조심해야 하지 않을까.

가장 좋은 일은 아이들이 유니콘도 몬스터도 아닌 그저 인간으로 존재하는 것이다. 또 몬스터에 대한 두려움과 반작용으로 유니콘이라는 존재에 기대는 것은 아닌지 생각해봐야 한다. 모두가 인간답다면 모두 유니콘이 될 수 있다는 한 교사의 말은 그래서 중요하다.

유니콘과 몬스터 같은 전설의 존재가 있는 교실에서 평범한 인간의 존재감은 조금씩 사라진다. 아이들은 누구보다도 자기 자신이고 싶은 존재들이고 교사들은 누구보다도 모든 아이를 사랑할 수 있기를 바라는 존재들이다.

어린이집 원장이 말하는
요즘 부모의 변화

요즘 어린이집 원장들은 오래 일할 교사를 구하기가 갈수록 어려워져 고민이 많다. 영유아 부모의 요구를 맞추기가 쉽지 않아 교사가 중도에 그만두는 경우가 잦고, 많은 교사가 전일제 정교사로 근무하는 데 부담을 느끼기 때문이다. 국공립 어린이집 원장인 전해민 씨도 교사들의 입장을 충분히 이해한다. 그래서 더 답답하다.

"어린이집은 주로 보육을 하는 곳이에요. 그런데 부모님들이 '기저귀를 떼는 걸 어린이집에서 시작해달라, 생활습관을 교정해달라'고 하면서 가정에서 해야 하는 일을 모두 어린이집에 전가하는 것 같아요. 부모로서 해주어야 할 역할을 하지 않는 어른이 아이가 초등학교에 가도 계속 그런 부모가 되는 것 같아요." **국공립 어린이집 원장 전해민**

어린이집에 오려고 신발을 신던 중에 아이가 똥을 싸면 어린이집에 와서 씻겨달라고 하는 부모도 있고, 하원 시간에 기저귀가 젖어 있으면 교사에게 기저귀를 갈아달라고 하고 하원하는 부모도 있다는 말은 충격적이었다. 작은 돌봄의 행위조차 위탁하면 부모는 무엇을 하는 걸까? 전해민 씨는 뉴스를 통해 학교 교사들이 겪는 민원의 실태를 알고 깜짝 놀랐다고 했다.

> "요즘 뉴스를 보며 든 생각이 '초등학교 선생님들이 보육, 돌봄을 하고 있었네?'라는 것이었어요. 그런데 생각해보니 유난히 이상했던 시기가 있었어요. 어린이집에서도 갑자기 부모들이 많이 따지고, 아이들 일로 부모끼리 서로 사과하라고 요구하고, 말도 안 되는 이유로 우기는 부모가 많아진 때가 있었어요. 한 10년 전쯤이요. 그런데 그 학부모들이 그대로 올라가서 초등학교 학부모가 되어 있는 것 같다는 생각이 들더라고요."

10년 전쯤인 2013년은 만 0~5세 전면 무상보육이 실시된 해다. 무상보육은 양날의 칼이다. 계층에 상관없이 국가에서 평등한 보육서비스를 받을 수 있다. 그러나 '내 세금으로 내가 받는 복지서비스'라고 생각해 당연히 받을 걸 받는다는 의식을 가지게 된다.

동시에 2013년은 〈아동학대범죄의 처벌 등에 관한 특례법(아동학대처벌법)〉의 제정 계기가 된 칠곡 계모 아동학대 사망 사건이 일어난 해이기도 하다. 2014년에는 울산에서 아동학대 사망 사건이 일어났다. 모두 가정에서 일어난 아동학대였음에도 2014년에는 〈아동학대처벌법〉을 제정해 '아동 보호자'를 친권자나 후견인을 넘어 '아동을 교육하거나 그러한 의무가 있는 자'로 확대했다. 이 때부터 아동 교육기관은 무고한 아동학대 신고에서 자유로울 수 없게 되었다.

이런 행정적·입법적 변화에 적응해가던 보육체계는 2015년 1월, 인천의 어린이집에서 일어난 아동학대 사건으로 대전환기를 맞이한다. 인천 송도동에 있는 어린이집에서 4세 유아가 보육교사에게 뺨을 맞고 날아가듯 쓰러지는 모습이 CCTV를 통해 공개되어 전 국민에게 큰 충격을 주었다. 심지어 해당 어린이집은 보건복지부 정부평가에서 우수기관으로 지정된 곳이어서 정부의 어린이집 평가 신뢰도도 추락했다. 혜택을 받는 것을 당연하게 여기는 사람은 늘고, 보육시설을 신뢰할 수 없게 만드는 사건들이 일어났다.

"원장으로서 어린이집의 역할은 아이 존중과 돌봄이라고 생각합니다. 그런데 어린이집에서 0세부터 무상보육을 하니까 아이들이 너무 많은 시간을 어린이집에서 보내요. 맞벌이가 아니어서 가정에서 돌볼 수 있는데도 돌보지 않는 부모가 많아요. 그러면서 아이들이 조금이라도 다치면 엄청 예민하게 반응하며 '선생님, 뭐하셨어요? 애가 깨물 때 어디에 계셨어요? 보기는 하셨어요?'라는 말들을 해요. 별말 아닌 것 같지만 교사의 존재 자체를 흔드는 말이에요."

이런 말은 학교급에 상관없이 교사에게 가장 절망적인 말이다. 초등학교에서도 교사에게 "선생님이 하시는 게 뭐예요? 우리 애를 위해서 뭘 하셨어요?"라고 묻는 부모가 있다.

전해민 씨는 최근 부모들에게서 볼 수 있는 특징이 있다고 했다.

"유아는 특히 안전사고가 많이 일어나요. 아이들끼리의 일인데 교사에게 책임을 전가하거나 서로 부모끼리 사과를 받길 원하는 경우가 많은 것 같아요. '제 번호 주셨어요? 왜 그쪽에서 전화가 안 와요?' 하고 묻는 분도 많아요. 아직 어린아이들인데, 깨물거나 밀어서 다쳤을 때, '가해자, 피해자'라고 지칭하면서 학교폭력 같은 관점으로 바라보는 경우가 많아요. 잘 깨무는 아이에게 '쟤는 가해자이니 우리 어린이집에서 나갔으면 좋겠다'라고 하면서 결국 나갈 수밖에 없게 몰아붙이는 분들이 있어요."

중재가 힘들겠다고 공감하니, 전해민 씨는 '그래서 오래 일하는 교사를 찾기가 너무 힘들다'라고 했다. 보육교사 대체인력이 필요할 경우 육아종합보육센터에서 대체 교사를 파견하는데, 5일씩만 근무하면 되고 책임은 적으니 많은 교사가 정교사보다는 대체 교사로 일하기를 더 선호한다고 한다.

이런 현상은 부모나 아이에게도 좋지 않다. 교사가 근무 환경이 안정되어 있어야 아이를 오랜 시간 지켜보며 일관성 있게 지도할 수 있다. 교사의 마음도 안정되어야 그런 마음이 아이에게도 전해진다. 무책임한 부모의 행동이 교사를 책임에서 멀어지고 싶게 만들고 있는 건 아닐까.

"사실 무책임한 부모의 비율은 1~2% 정도라고 봐요. 그런데 그 적은 수가 굉장한 타격을 줘요. 살짝 이마를 콩 부딪혔는데 병원에서 사진 찍었냐 안 찍었냐 물어보는 부모들 때문에 교사들은 매번 매우 긴장합니다. 또 신기하게 그런 아이는 자주 다쳐요. 왜냐하면 아이가 자신을 보호할 역량을 키우지 못하기 때문이에요. 부모가 그런 역량을 안 키워주는 거예요. 다치지 않게 가정에서 지도하는 것도 부모의 역할입니다."

어린이집 교사들은 어떤 때 부모들이 좋은 부모의 역할을 하고 있다고 느낄까?

"교사에게 신뢰를 보여주시는 분들이요. 교사를 신뢰하는 건 '신뢰해요'라고 말한다고 되는 게 아니고, 교사가 일상생활에서 챙겨달라고 하는 걸 정확하게 챙겨줄 때 느껴집니다. 이런 게 작은 것 같지만 제일 큰 거예요. '여벌 옷 챙겨주세요'라고 했는데 안 챙겨주면 교사가 또 대처해야 하는 것들이 많아지고 스트레스를 받는데, 공지 사항대로 준비가 잘되어 있으면 교사도 편안하고 아이도 편안해요. 물병 주머니를 챙겼는지, 적절한 복장을 하고 어린이집에 오는지, 이런 것이 모두 학부모가 보여주는 지지이고 신뢰예요."

기본을 잘 지켜주면 된다는 원장의 말은 초중고 학부모가 된 후에도 통하는 말이다. 그런데 기본을 모르는 부모가 어린이집에서부터 많은 것 같다는 증언이 끊이지 않고 나온다. 이쯤 되면 '부모로서 기본을 지키자' 같은 운동이라도 해야 하는 게 아닐까.

초등학교가 이 꼴인데
중고등학교는 오죽할까요

"초등학교가 이 꼴인데 중고등학교는 오죽하겠어요." 초등학교
의 처참한 교권 실태를 접한 중학교 학부모가 한 말이다. 학교는
아이들이 성장하며 한 번씩은 거치는 곳이기에 문제나 현상도 모
두 연결되어 있다.

"학교에서는 교과서 외의 것들도 가르쳐야 하잖아요. 그런데 중학
생들은 시험에 안 나오면 관심을 보이지 않아요. 학교에 관심 없는
부모가 대부분이고, 학부모가 공개수업에 오는 게 더 특이한 일인
것 같아요. 반면 아이 성적에 관심이 많은 소수의 부모들은 민원을
자주 제기해요. 학교에는 보호장치가 전혀 없고 교장, 교감도 민원
을 해결할 의지가 없어요. 성적에 대한 민원이 제일 힘들어요." 7년
차 중등 영어교사 신재은

당장 시험에 나올 게 아니면 동기 유발이 되지 않는다는 점은 우리나라 교육의 큰 문제점이다. 보통의 중학교 영어교사가 느끼는 학부모의 관심은 양극단에 치우쳐 있는 듯했다. 지역에 따라 조금씩 다르기는 하지만 중학교 이후 학부모들의 관심은 입시 철인지, 학생의 성적이 어느 정도인지에 따라 많이 달라진다.

담임교사가 교과 수업시수의 대부분을 맡는 초등학교와 달리 중학교에서는 담임교사가 학생관리를 하는 역할을 주로 맡는다고 인식된다. 중학교 선생님들을 인터뷰하며 알게 된 점은, 중학교 담임교사가 보는 아이들의 모습은 '파편화'되어 있다는 점이다. 담임교사라도 조회 시간, 종례 시간에만 학생들을 잠깐 보고 수업도 몇 시간만 하니, 학급에서 사안 하나가 발생해도 여러 학생의 이야기를 듣고 전체를 파악하는 데 시간이 오래 걸린다.

그래서 중학교 담임교사들은 본인 교과 시간이 아닌 다른 교과 시간에 학생들이 어떤 모습인지를 파악하려고 애를 쓴다. 본인이 없을 때 교실의 분위기를 파악하기 위해 학생들에게 수시로 물어야 하고, 학교생활이 어려운 아이들도 수시로 불러 상담해야 한다.

학생들의 상황을 파악하고 지원하려면 가정과의 협력도 중요한데 중학교에서는 그마저도 쉽지 않아 보인다.

"1학년 때는 그래도 담임교사와 소통하는 경우가 많은 편이지만 3학년이 되면 점점 줄어들어요. 아무래도 아이들이 크니까 집에서도 이래라저래라 할 수 없는 상황인 것 같아요. 아이들이 크고 부모의 손에서 벗어나니 부모도 아이와 갈등 상황을 만들지 않으려고 해요, 아이가 지각해서 매일 문자를 보내거나 주기적으로 전화를 드리면 처음에는 집에서도 지도를 하고 아이에게 말하겠다 하시는데, 그런 상황이 지속되면 오히려 부모가 학교에서 오는 문자나 전화를 귀찮아하고 회피하기도 해요. 알고 있으니 그만해라, 아이가 그러는 걸 어떻게 하느냐고 하면서요." **15년 차 중등 윤리교사 오연지**

학년이 올라갈수록 학부모의 영향력이 줄어든다면, 요즘 고등학교 학생들은 어떨까?

"고등학교 학생들을 20년 정도 지도하면서 교사를 존중하는 마음과 태도가 갈수록 약해지는 것을 느낍니다. 학생들이 교사에게 존중하고 공손한 태도를 보여야 한다는 생각은 점점 약해지고, 학생이 자신에게 도움이 되는 교사들에게만 예의를 갖추고 존중하는 모습을 보이는 일은 늘어나고 있습니다. 고등학교 교사들은 교과목에 전문성을 갖는 것이 무척 중요합니다. 교사가 전문성이 약하면 학생들은 교사의 전문성 부족을 문제 삼고 학교장에게 민원을 제기하기도 합니다. 교사가 학생들의 존중을 받기가 쉽지 않습니다. 그러면서 고등학생들의 체력과 운동능력은 점점 약해지고 있습니다."
23년 차 중등 체육교사 이성효

고등학생이 되면 교사의 전문성에 대해 학교장에게 직접 항의한다니 정말 놀랍다. 고등학생이니 그럴 수 있는 게 아니라, 어쩌면 '수요자' 입장에서 너무도 쉽게 민원을 제기하는 어른들의 모습

을 학습한 것은 아닐까? 수능에 도움이 되지 않는 교과라고 생각
되면 해당 과목 교사를 존중하지 않는 경우가 있다는 점도 시험 만
능, 성적 중심의 망가진 교육 풍토를 보여주는 것 같아 안타깝다.

20년 동안 교사가 지켜본 고등학생들의 변화는 단편적이라기
보다는 입체적이었다.

"자기중심적이고 개인주의적인 고등학생들이 많고, 남의 시선을
크게 신경 쓰지 않고 말하고 행동하는 성향을 보입니다. 자신이 손
해를 보는 일에는 크게 분노하곤 합니다. 좋게 보면 자신의 생각을
잘 표현하고 부당한 상황에 관해서는 목소리를 잘 낸다고 할 수 있
어요. 공연이나 발표에도 상당히 적극적입니다. 학교 축제에서 무
대에 올라가 공연을 하는 모습을 보고 교사들이 놀라기도 합니다.
자기가 좋아하는 것에 집중하는 성향도 있습니다. 많은 사람이 가
는 길보다는 자신이 좋아서 선택한 길을 걸어가려는 학생이 많습니
다. 부와 명예보다는 개인의 행복을 더 소중하게 여기는 학생이 늘
어나고 있습니다."

요즘 아이들은 행복을 찾아가는 방법이 확실히 어른들과는 다
른 듯하다. 자신에게 중요한 것을 수호하려고 노력한다는 점이 개
인주의적이고 자기중심적으로 비칠 수 있다는 것은 교육에 시사
하는 바가 크다.

고등학생들이 보이는 모습에서 요즘 어른들과 닮은 모습은 없
는가? 어른들과 다른 점은 또 무엇인가? 자신의 길을 갈 수 있는

사람으로 자라게 하는 것과 이기적이지 않은 사람으로 자라게 하는 것은 어떻게 다른가? 어른들은 고민해보아야 한다.

고등학교 담임으로서 이성효 교사는 학생 출결 관리가 힘들다고 했다. 무단결석, 지각은 아무리 지도해도 개선되지 않을 때가 많고 반항하거나 대드는 것을 즐기고 그것이 스스로 멋있다고 생각하는 학생들이 있어 지치기도 한다. 주어진 역할을 불성실하게 수행하는 학생들에게 책임감을 갖도록 지도하는 일은 특히 쉽지 않다.

교사로서 수업에 집중할 수 없는 환경도 교사를 힘들게 한다.

"체육수업에만 집중하고 싶은데, 행정업무가 상당히 많아서 그렇게 하기가 쉽지 않습니다. 공문이 많고 출장도 잦고요. 체육교사가 고등학교에서 가장 많이 하는 업무는 학생부 업무인데, 학교폭력, 학생 생활지도를 담당하면서 학생 지도와 학부모 민원으로 힘들어하는 경우가 많습니다."

초등학교 교사부터 중고등학교 교사까지 모두 수업에 집중할 수 없는 환경에 처해 있다. 특히 중고등학교 교사를 인터뷰하며 학년이 높아질수록 학생들의 의지와 행동에 어른이 개입할 수 있는 여지가 점점 줄어든다는 사실을 알 수 있었다. 고등학교로 올라갈수록 학생들은 개인주의적인 모습과 수요자의 자세로 개인의 요구사항을 주장하는 어른의 모습을 더 많이 보이는 듯했다.

이 말은 결국 어른의 개입, 교육으로 바로잡을 수 있는 것들은 시작이 빠를수록 좋고, 빨라야 하며, 교육으로 바로잡으려면 어른들부터 바로 서야 한다는 뜻이다. 그래서 초등학교 그리고 초등학교 입학 전 시기부터가 중요하다. 아이들은 어른들의 모습을 따라간다.

늘봄은 늘 못 봄?

아이들을 오전 7시부터 저녁 8시까지 돌봐준다는 늘봄학교는 온종일돌봄과 방과후학교를 통합하여 운영하는 초등돌봄센터다. 2023년에는 8개 시도 교육청의 초등학교 459개교에서 시범 운영되다가 2025년에 정식으로 운영될 예정이었다. 그런데 2023년 8월, 교육부에서 갑자기 2024년으로 1년 앞당겨서 전면 운영을 하겠다고 발표하며 '날림' 정책이라는 비판을 거세게 받았다. 장관의 말 한마디에 1년도 안 되어서 전국의 초등학교로 늘봄학교가 확대될 형편이다.

부모들은 이 정책에 어떤 입장일까? 첫째의 초등학교 입학을 앞둔 장주희 씨는 학교에 저녁 8시까지 아이들을 돌봐주는 늘봄학교가 생긴다니 반가웠다. 아이가 학교에 입학하면 일을 그만둬야 하는지 고민하던 차였다. 1학년은 일찍 끝나는 데다 기존 돌봄교실을 이용해도 하교 시간과 퇴근 시간 사이에 공백이 있어 자신이 퇴근할 때까지 아이를 학원에 다니게 해야 하기 때문이다. 다닐 학원이 늘면 돈이 더 드니 일을 쉽게 그만둘 수도 없다. 한편으로는 아이를 그렇게 늦은 시각까지 학교에 두는 것에 죄책감도 든다.

유치원생 부모들도 늘봄에 대한 입장이 저마다 다르다.

"어쩔 수 없이 이 제도를 이용할 수밖에 없는 사람들도 분명히 있을 거예요. 단점에도 불구하고 운영해야 하는 것이 아닌가 하는 생각이 들어요. 학원을 보내면 비용도 많이 들고, 학교라는 안전한 공간에서 다양한 방과 후 프로그램을 하면서 돌봄까지 받을 수 있다면 좋은 것 같아요." 6세 아동 어머니 김주애

"학교에 있다고 아이가 심리적으로 과연 안정감을 느낄까요? 아이 입장에서는 아닐 것 같아요. 애들이 너무 불쌍해요. 8시까지 학교에 갇혀 있어야 한다니. 일하는 부모한테는 그때까지 일하라는 말이랑 똑같아요." 7세 아동 어머니 조의선

교육부장관은 '학부모의 수요가 높다'고 주장했지만, 실제로는 시범 운영 중인 늘봄학교에서 갈수록 수요가 줄었다. 오후 7시 이후 '저녁돌봄'을 운영한 학교는 2023년 4월에 202개에서 9월에는 117개로 줄고, '일시돌봄' '틈새돌봄'도 모두 수요가 줄었다.[9] 졸속 운영으로 부작용이 컸다는 점이 원인으로 지적된다. 늘봄학교 관련 설문조사 결과에 따르면 '비전문인력 투입으로 학교 혼란 증가' '학생들의 이른 등교, 늦은 하교로 안전 및 건강 문제'가 가

장 큰 이유로 꼽혔다. 정책을 급히 적용하고 확대하는 과정에서 인력 부족으로 질 높은 돌봄 프로그램이 운영되기 어려웠던 점도 있다.

이렇게 시범학교에서도 운영이 원활하지 않은데 급히 1년이나 앞당겨 모든 학교에 전면 시행을 할 경우, 인력 부족 문제, 공간 부족 문제, 교사의 업무 부담 문제 등이 더 가중될 것이다. 게다가 이 문제를 어떻게 해결할 것인지 대책이 부족한 상황이다.

학교 상황을 잘 아는 교사 학부모로서, 우려되는 점이 있다. 학교는 이미 여러 활동이 들어와서 수업할 교실이 부족하다. 방과 후에는 방과 후 교실과 돌봄교실에 교실을 내줘야 하는 교사가 많다. 방과 후 교실도 위탁업체가 운영하면 코디네이터 상주 교실 등 업체가 쓸 공간을 제공해야 한다. 자연히 수업에 활용할 수 있는 교실 한 칸이 줄어든다.

방과 후 교실이나 돌봄교실이 정규 학급과 교실을 공유하면, 학생들은 교실 전체를 쓸 수 없다. 전시 공간, 사물함 같은 생활공간을 공유하거나 나눠 써야 한다. 교사는 수업을 마친 후 교실 안 한쪽 구석에서 교사의 할 일을 하거나 교실을 비워주기 위해 일거리를 들고 학교 곳곳을 전전해야 한다. 상황이 이러니 학교 관계자는 왜 꼭 학교에 돌봄교실을 확장해야 하는지, 다른 대안은 없는지 질문을 던질 수밖에 없다. 돌봄정책이 학교 내에서 무리하게 추진되면 돌봄교실을 이용하지 않는 학생에게도 그 피해가 돌아간다는 사실을 학부모들은 잘 알지 못한다.

돌봄의 장소는 어디여야 하고 어떻게 운영되어야 하는가는 학부모로서 반드시 생각해보아야 할 중요한 주제다.

교사이자 학부모로서 겪은 경험을 종합해보았을 때, 돌봄은 마을에서 새로운 시설을 만들고 마을 자체의 돌봄시스템을 만들어가는 것이 장기적으로 가장 올바른 형태다. 늘봄학교 정책토론에 참여한 중앙대학교 사회복지학부 최영 교수도 "(돌봄 체계의 주체를) 기존 교육부와 초등학교 중심에서 중앙정부와 시군구 중심인 '국가와 지방자치단체'로 가는 것이 옳다. 돌봄 수요가 많으면 학교에 빈 공간이 없을 수 있다"라고 지적했다. 이것이 현실이다.

돌봄을 위한 지역사회 인프라 개발은 아이들을 돌보기 위해서만이 아니라 고령화 사회의 어른들을 돌보기 위해서도 필요하다. 우리나라는 2025년이 되면 65세 이상 인구 비율이 전체 인구의 20% 이상을 차지하는 초고령 사회로 진입할 것으로 예상된다. 지금 당장은 아이 돌봄이 급한 것 같지만 사실은 노인 돌봄이 더 거대하고 시급한 문제로 다가올 날이 얼마 남지 않았다.

지역사회에서 돌봄의 영역을 확장하고 견고화하는 과정은 아이 돌봄과 노인 돌봄을 잇는 기반이 되어준다. 아이 돌봄을 학교라는 공간 안에 한정하면 성인 돌봄을 위한 영역은 영영 분리된다. 이 둘이 연계되면 더 효과적인 사회시스템이 마련될 것이다. 시간이 걸리더라도 지자체에서 활용할 수 있는 공간과 인력을 발굴하여 아이 돌봄, 노인 돌봄이 연계되는 돌봄 커뮤니티를 만들어나가면 소외되는 세대가 없는 진정한 돌봄 사회를 만들 수 있다.

〈100세까지 살기: 블루존의 비밀〉이라는 넷플릭스 다큐 시리즈가 있다. 댄 뷰트너라는 장수 연구 전문가가 전 세계에서 100세 이상 인구가 많기로 유명한 다섯 곳을 탐방하며 그곳의 노인들이 무엇 때문에 장수하는지를 밝힌다. 일본의 오키나와, 이탈리아의 사르데냐, 그리스의 이카리아섬, 코스타리카의 니코야반도, 싱가포르를 방문한 댄 뷰트너는 이 장소들의 공통점을 몇 가지 발견했다.

그중 하나가 '전 세대가 어울리는 커뮤니티가 있다'는 점이었다. 이 커뮤니티란 모임이기도 하고 공간이기도 하다. 싱가포르는 어린이부터 최장수 어른까지 친척, 가족이 모두 어울려 사는 주거정책을 운영하고 있다. 아파트를 만들 때도 전 세대의 주민이 지나다닐 수밖에 없는 공원마당을 만들었다. 자연스럽게 어린이부터 노인까지 함께 어울리는 공간이 생겼다. 노인을 돌보라거나 아이를 돌보라고 강요하는 것이 아니라 다른 세대가 함께 있을 때 더 이득이 많다고 느낄 수 있는 우회적인 장려정책을 편 결과, 건강하게 오래 사는 인구가 많은 국가가 되었다.

우리나라 교육계가 자주 그랬듯, 급한 불을 끄듯 늘봄학교를 시행하면 아이도 노인도 건강히 돌봄을 받는 사회는 멀어진다. 당장 부작용으로 나타나는 문제들에 천착하느라 사회갈등만 깊어질 수 있다.

노인이 행복한 사회, 아이가 행복한 세상은 따로 오지 않는다. 아이를 안전하게 키우고, 나 자신도 건강하게 늙길 원하는 한 사회의 일원으로서 늘봄학교가 학교라는 공간에 머물지 않고 지역사회에서 성장하기를 진심으로 바란다. 아울러 애초에 부모가 돌봄 공백을 걱정하지 않도록, 부모가 마음껏 아이를 돌볼 수 있게 배려하는 노동 정책이 돌봄 정책 개발에 포함되어야 한다.

학생 때로 돌아가고
싶지 않은 이유

우리나라 중고등학교는 남녀 분리 학교가 많다. 남녀공학일 경우 이성교제를 걱정하는 학부모가 많고, 남학생이 여학생에 비해 내신성적이 불리하다는 인식이 있다. 성별이 같은 학생끼리 모아놓으면 '관리'하기 쉽고 면학 분위기도 좋다고 여겨 일부러 전학을 시키기도 한다.

박재준 씨는 남자중학교, 남자고등학교를 다녔는데 30명이 넘는 남학생이 한 반에서 매일, 매시간 힘겨루기와 신경전을 하는 교실은 정글이나 다름없었다고 말한다.

"좋은 대학 진학률도 높은, 꽤 이름난 학교였습니다. 그런데도 30명이 넘는 남학생을 한곳에 몰아넣으니 매일, 매시간 살아남아야 하는 전쟁터 같았어요. 그냥, 애들이 미친 사람 같았어요. 약간은 동물적인 본능인지, 스트레스 때문인지는 모르겠지만 쉬는 시간이면 늘 싸우는 애들이 있었어요. 저도 주기적으로 정말 미친 척하고 책상을 엎는 것 같은 난리를 피우지 않으면 먹잇감이 되어버리는 그런 환경이었어요. 그러니까 선생님들도 학생 지도를 하려면 쉽지 않았겠죠. 체벌한 교사를 옹호하고 싶지는 않지만 학교 안 억압적인 구조에서는 솔직히 교사들에게 다른 방법이 없었을 거 같아요."

30대 남성 박재준

박재준 씨는 학생의 인위적인 '분류'가 자연스럽게 여겨지는 학교 구조부터가 억압적인 분위기를 만든다고 지적했다. 학생들의 스트레스와 교사의 억제력이 부딪히면서 갈등이 더 커진다고 말했다.

억압과 규제가 익숙한 구조, 에너지를 잘못된 방법으로 발산하는 학생들. 재준 씨가 기억하는 학교의 모습은 지금도 별반 다르지 않다. 여전히 남중, 남고, 여중, 여고라고 불리는 학교가 많고 사람들은 그와 같은 학교 체제 존속에 의문을 갖지 않는다.

"한 성만 모여 있는 학교에서 학창시절을 거의 다 보냈어요. 성별에 상관없이 어울리는 사회 경험을 전혀 하지 못하고 졸업을 하니 그 이후에도 사회생활에 영향이 있어요. 성격에 따라서는 여자한테 말도 못 걸거나 그 여파가 큰 사람도 있고요. 공존하는 법을 배우지 못한 거예요."

학교에서 자연스러운 소통과 표현을 배우지 못한 학생들이 성인이 되어 만드는 사회에서는 여전히 소통과 공존이 어렵게 마련이다. 학교에서 그랬듯, 사회에서도 약육강식이 더 익숙하다.

우리나라에서 남녀 분리 학교는 과거 여성이 교육을 받기 어려웠던 시절인 구한말에 여권 신장과 여성 교육에 집중할 수 있는 학교 환경을 만들기 위해 생겼다. 지금은 남녀 구분 없이 교육기회를 동등하게 가진다. 우리는 왜 여전히 여중, 여고, 남중, 남고를 당연하게 여기며 그대로 유지하려 하는가.

오히려 사회는 모든 사람을 남성, 여성으로 분류하는 이분법을 넘어 다양한 성정체성을 받아들이고 있다. 남녀 분리 학교에서는 성정체성을 남성, 여성으로 단순히 구별하기 어려운 학생이 심적으로 소외된다. 인간생태계는 각양각색의 사람이 모여 사는 곳이다. 다양한 사람들이 어울려 살며 존중받는 환경을 학교에서부터 안전하게 만들어주어야 한다.

단순히 학교가 남녀공학이냐 아니냐만이 아니라, 교복과 학생 복장 규정도 짚어봐야 한다. 교복은 학생 간 위화감을 줄이고, 학부모에게는 사복을 구매하는 데 드는 경제적 부담을 줄여준다. 성인도 제복을 입으면 자기 관리와 행동 조절을 한다고 한다. 학생도 교복을 입고 있을 때 입지 않았을 때보다 자신의 태도를 더 자주 점검하는 효과가 있다.

의복이 사람의 신분을 드러내며 행동을 조절하게 한다는 점은 그래서 다른 면에서도 고려되어야 한다. 강제로 절제된 행동과 환경이 정체성에도 영향을 미치기 때문이다. 교복은 학생 시절에는 자유가 통제되고 다양성이 제거되는 것이 당연하다는 인식을 은 연중에 체화되게 한다. 교복을 당연하게 여기는 어른들의 인식 속에, 학생들은 통제되어야 하고 어른들은 학생들을 통제할 수 있다는 헤게모니가 작동하는 것은 아닌가. 우리나라 교육은 과거를 답보한다는 배경에는 어른들의 변함없는 생각도 한몫한다.

학생이 주인의식이 없으며 창의적이고 자유로운 사고를 하지 못하게 되는 데는 입는 옷부터 자신이 속한 학교의 생태계까지, 모든 환경이 영향을 미친다. 최근 특정 성을 비하하는 말이 사회적으로 늘어나는 혐오문화에도 학창시절의 부자연스러움이 일조하고 있는지도 모른다. 경직된 학창시절이 편협한 어른을 만드는 것은 아닐까?

학생들의 일면이 희생되는 동안, 교사들에게도 희생되는 것들이 있다. 가장 심각한 것은 교사들마저도 이런 체계에 의문을 갖지 않는 사람이 되어간다는 점이다. 질문하지 않는 사람에게서 질문하는 사람이 태어날 가능성은 적다.

교사의 지도 방식이나 학교 방침과 관련해서도 남학교, 여학교에서는 '남성' '여성'이라는 속성이 강조된다. 물론 남녀공학에서도 남학생을 대하는 방식과 여학생을 대하는 방식이 다를 수 있다. 학생의 특성을 존중하고 개별화된 접근을 할 때 하나의 측면으로 성이 고려된다.

그러나 집단 전체를 하나의 성별로만 모아놓는다면 성별 자체가 집단의 정체성이 될 수 있다. 이는 학교 운영과 지도 방식에도 영향을 끼친다. 학생이 남성이라는 이유로, 여성이라는 이유로 지도 방침을 결정하거나 교육과정을 만들 때도 성별의 특성을 반영하여 교육과정을 운영하게 되는 경우가 분명 있다. 교사조차도 한쪽 성별을 가진 학생들에게 익숙해지다 보면 성별이 다른 학생을 지도하는 방법을 잊어간다.

그러면 한 성별만 계속 가르치는 것도 전문적이고 좋은 면도 있지 않겠냐고 질문할 수 있다. 아이들 안에는 여러 모습이 함께 있다. '남성성' '여성성'의 기준은 모호하며, 교사는 한 아이 안의 여러 면을 함께 볼 줄 알아야 한다.

"저는 주로 남학생을 많이 만났어요. 공학에서도 남학생 반을 맡고, 남고에서 근무한 적이 있어요. 확실히 남학생은 기싸움, 서열싸움이 있고 충돌이 있으면 신체적인 폭력으로 부딪칠 때는 있지만 심리적으로 미묘하게 얽혀 있는 경우는 많지 않은 것 같아요. 여학생을 많이 가르친 선생님은 여학생의 섬세하게 얽혀 있는 관계를 푸는 게 너무 어렵다고 하더라고요. 그러다 보니 저도 여학생을 가르치는 것은 좀 부담스러워요." **16년 차 중등 사회 교사 이순화**

교사도 학생의 다양한 특성을 세심하게 살피고 존중하는 지도를 하고 싶어 한다. 집단의 정체성으로 개인을 규정하지 않고, 서로 다름을 지닌 인간 대 인간으로 교육하기를 원한다.

남중, 남고, 여중, 여고의 구분은 출산율이 저조하고 성별에 상관없이 누구나 배울 수 있는 현대 사회에서 계속 필요한 것일까? 우리는 의문을 갖지 않는 나태한 태도로 무엇을 유지시키며 여전히 무엇을 당연히 여기고, 동시에 무엇을 희생시키고 있는가.

파업권 없는 자들의
파업이 말해주는 것

2023년 7월 22일 첫 파업에 5천 명으로 시작된 교사 집회는 점차 확대되어 9월 2일에는 30만 명이 넘게 참여한 것으로 집계되었다. 전국의 초중고 교사가 45만 명, 유치원 교사가 5만여 명이다. 50만 명 중 30만 명이 모였다니 대단히 놀라운 일이다. 악성 민원에서 보호받지 못하여 무력함을 느낀 교사들이 '나 혼자만의 일이 아니다, 우리는 혼자가 아니다'라는 사실에 공감하며 거리로 나왔다.

교사들은 정치기본권과 노동기본권이 없다는 사실도 절감했다. 정치기본권이란 민주주의를 이루고 민주주의가 유지되도록 하는 국민의 기본 권리다. 참정권, 청원권, 집회결사의 자유 등, 국민은 누구나 국가의 정치적 의사결정에 참여할 수 있고 정치적 견해를 자유로이 밝힐 수 있다는 권리다. 세세하게는 정당가입권, 정당활동권, 선거운동권, 공직선거출마권 등의 권리가 속한다.

우리나라는 OECD 회원국 중 유일하게 교사에게 정치기본권이 없는 나라다. 정당 가입이나 후원도 금지되어 있다. 정당에 1만 원을 후원했다는 이유로 기소되었던 교사가 전국에 1천 명이 넘는다.

독일에서는 연방의회 의원 가운데 13~15%(80~100명)가 교사 출신이다. OECD 회원국 가운데 많은 나라에서 교사가 국회의원이 된 비율이 전체 의원 수의 10% 이상인데, 우리나라에서는 역대 국회의원 중 교사 출신은 단 3명이다. 교육이 국가의 미래를 주도한다는 말은 하면서 정책 개발과 법 제정에 교사나 교사 출신을 포함하려는 움직임은 거의 없어 후진적이다.

노동기본권은 헌법이 보장하는 권리다. 〈대한민국헌법〉 제33조에는 "공무원인 근로자는 법률이 정하는 자에 한하여 단결권·단체교섭권 및 단체행동권을 가진다"라고 명시되어 있다. 단결권, 단체교섭권, 단체행동권이 바로 노동 3권이다. 그러나 우리나라에서 공무원과 교원은 〈공무원의 노동조합 설립 및 운영 등에 관한 법률〉과 〈교원의 노동조합 설립 및 운영 등에 관한 법률〉에 따라 정치 활동이 금지되고 파업과 같은 쟁의행위가 금지되어 단체행동권을 보장받지 못하고 있다. 이에 국제노동기구(ILO)에서는 우리나라 정부에 교원과 공무원의 정치적 의사표현의 자유, 단결권, 단체교섭권, 쟁의권을 보장하라고 여러 차례 권고해왔으나 이루어지지 않고 있다.

"내가 정말 기본 권리조차 없는 노비 같은 삶을 살았구나. 교사라는 일을 하겠다고 인간으로서 먼저 가져야 할 권리를 포기하고 살았다는 걸 처음으로 느꼈어요. 내 권리를 포기한 사람이 어떻게 아이들에게 민주주의, 시민권, 자유 같은 것을 가르칠 수 있을까요. 그런 많은 교사가 파업과 집회에 참여하겠다고 한 또 다른 이유는 파업이나 집회 외의 소통창구가 보장되지 않는다고 느꼈기 때문이다. 집회와 파업은 소통이 불가능하다고 여긴 개인이 동료와 연대한 최후의 수단이었다.

교육계 내부에서는 소통이 원활하게 이루어지지 않는다. 이는 9.4 교사 파업에 대한 교육부의 대응으로 방증되었다.

2023년 9월 4일은 서이초 교사의 49재일이었다. 교사가 설 수 없는 사회에는 학교도 있을 수 없음을 일깨우자는 취지로 이날을 '공교육 멈춤의 날'로 지칭하고 교사 파업을 하자는 의견이 나왔다. '공교육 멈춤의 날'에 동참할 의사가 있는 교사의 서명을 받는 사이트도 등장했다. 많은 교사가 동참 의지를 보여 실제로 파업이 진행되는 듯했다. 일부 지역에서는 '교사들의 분노와 슬픔에 공감하며 공교육을 살리자는 교사들의 의지를 지지한다'는 교육감의 지지 성명도 있었다.

1만 명, 2만 명씩 서명에 동참하는 교사가 늘자, 학교장 재량휴업을 추진하는 학교도 늘어났다. 그러자 교육부는, 학교장 재량휴업을 하는 학교장은 파면 등의 징계를 받을 수 있으며 병가를 내고 파업에 참여하는 교사도 반드시 점검하여 불이익을 주겠다는 공문을 내렸다. 이 공문은 교사들에게 위협이나 마찬가지였다. 분위기는 순식간에 다른 국면으로 접어들었다.

특히 '학부모가 불편하지 않도록 적극 협조하라'고 명시한 문구는 교육부가 교사를 학부모의 눈치를 보는 존재, 학부모의 요구에 무조건 맞춰야 하는 존재로 본다는 인상을 주었다. 모든 학부모가 교사의 파업을 불편해할 것이라고 학부모의 입장조차 단정하는 오만은 어디서 나오는가. 교사에게 학교를 지키라며 성명서를 발표한 교육감도 있었다.

공교육 멈춤의 날에 동참하겠다고 서명한 교사의 수는 6만 명에서 8만 명으로 늘었다. 교육부와 일부 교육감의 대응이 교사를 자극했다는 의미다. 학교장 재량휴업을 할 때 학교장을 징계하겠다는 교육부의 지침에 반발한 교장과 교감의 참여도 늘고, 교육부의 행태를 비판하는 칼럼도 동시다발적으로 인터넷 신문 곳곳에 등장했다. 한 현직 교장은 칼럼에서 '9월 4일은 학교 자율 사망의 날'이라고 적었다. 학교장으로서 자율권이 있다고 믿었는데 그마저도 교육부의 말 한마디, 공문 한 장으로 없던 일이 될 수 있음을 절감했기 때문이다.

특히 그즈음은 7월 18일 이후 9월 초까지 전국에서 스스로 목숨을 끊은 교사들의 비보가 이어지던 때다. 그런 상황에서 형사처벌까지 언급하는 교육부의 행태는 교육부가 얼마나 고압적인지를 단적으로 보여주었다. 허위 병가를 사용한 교사와 병가를 결재한 교장은 중징계와 형사처벌을 각오하라는 교육부의 엄포에는 학교장 재량을 무시하고 폄훼하는 시선이 담겨 있다.

이로써 교육계 외부에도 교육계의 소통 구조가 확실하게 드러났다. 아래에서 위로 올라가는 상향식 방식이 아니라 위에서 아래로 하달하기만 하는 하향식 방식이라는 점이다.

"지금까지 학교 현장 교사의 의견을 배제한 채 교육부의 지시대로, 독단적인 상명하달 방식으로 학교가 운영되었고, 대부분의 교사가 최대한 맞춰가며 따라가다 지금에 이르렀다고 생각합니다. 하지만 이번 재량휴업일 불법 논란은 교육부가 선을 넘었습니다. (재량휴업은) 학교장이 학교 구성원들의 의견을 모아서 자율적으로 결정하는 사안입니다. 지금까지 수시로 임시공휴일을 지정하고 코로나19 팬데믹 시기에 비상시국이라고 아예 학교를 제외한 채로 의사결정을 했던 때도 독재적이라고 생각했는데, 사회가 이렇게 빠르게 변하고 있는데도 모든 것을 교육부 장관과 몇몇 위정자 마음대로 할 수 있다고 여기는 것이 참 한심합니다." **33년 차 초등교사 유한길**

세종시의 장학사 39명이 실명을 밝힌 현수막을 내걸었다.
"교육부장관님! 학교 자치를 보장해주십시오."
"교육부장관님! 교육공동체의 결정을 존중해주십시오."
교육부는 시대의 흐름을 읽지 못했다. 파업권이 없는 사람들이 파업을 했다. 수십 년이 지나는 동안 교사 사회 안에서 인식이 바뀌었고 교사 집회는 교사로서 살고자 하는 교사 집단이 학교 밖으로 정체성을 드러낸 사건이다.

교장을 파면하라

2021년 의정부의 한 초등학교에서 6개월의 시간 차를 두고 교사 두 사람이 스스로 목숨을 끊은 사건이 있었다. 이 사건이 충격적인 이유는 사건 경위에 교장·교감이 관여했고, 죽음의 진상이 묻혀버렸기 때문이다. 그 당시 교장과 교감은 교사가 제출한 사직서를 학기 중이라는 이유로 받아들이지 않았고, 5년 전에 일어났던 안전사고에 사비를 들여 학부모에게 보상하라고 교사에게 종용했다. 사람들은 교사를 전혀 보호하지 않는 관리자의 행태와 학부모의 집요함에 경악을 금치 못했다.

대전에서는 교사 사망과 관련하여 교장·교감의 조치가 미흡했다는 주장과 함께 파면 요구가 빗발쳤다. 대전시교육청의 감사 결과, 고인이 된 교사가 학교교권보호위원회를 교감에게 요청했으나 열리지 않은 것으로 밝혀졌다. 학교장과 교감이 교사의 요구에 소극적 응대로 일관하여 교사를 죽음에 이르게 했다는 비난을 받았다. 결국 해당 교장과 교감은 과실의 경중에 따라 〈교육공무원법〉 성실 의무 위배로 견책부터 파면에 이르는 징계 조치를 받았다.

안타깝게도 일선 학교에서 교사가 교장·교감에게 전혀 도움을 받지 못하거나 심지어 교장·교감 때문에 피해가 커지는 일이 비일비재하다. 대체 왜 관리자는 교사의 권리를 위해 나서줄 용기가 없는 걸까? 단순히 인성의 문제이며 극히 일부의 문제일까?

서울에서 학부모 민원이 많은 지역으로 꼽히는 지역에서 교무부장을 맡은 교사는 관리자인 교장·교감의 자질에 대해 할 말이 많다.

"학교에서는 교직원 간의 업무 분장 문제, 학부모 민원, 학교 폭력 사안 등 민감하고 까다로운 문제가 종종 일어나죠. 이때 관리자가 어떤 태도를 취하느냐에 따라 문제 해결의 방향이 결정되는 것 같습니다. 잘못된 방향으로 가면 오히려 갈등이 커지고 관련된 사람들은 큰 고통을 받아요. 관리자의 중요한 책무를 소홀히 하지 않으면 좋겠습니다." **20년 차 초등교사 윤이온**

"교장은 교사를 보호하는 것이 첫 번째 임무입니다. 파업에 대해서도, 교사들의 생각이 그렇다면 교장이 보호해야죠. 조직에 속한 사람들을 보호하는 것도 리더의 책임입니다. 그럴 마음이 없다면 리더를 하면 안 되는 겁니다." **현직 초등학교 교장 김인철**

현행 교원 자격 및 승진제도를 분석한 2022 교육현안보고서에 따르면 현 승진제도의 토대는 1950~1960년대에 만들어졌으며, 그 당시에는 교원의 전문성 향상보다는 교원 수 부족 문제를 해결하는 것이 시급했다. 여러 연구 결과에서 현행 교장 자격 제도는 질 관리가 되지 않는 자격제도, 승진제도라고 밝혔다.

기존 승진제도는 승진 평정 점수가 높으면 학교관리자로서 자질이 있다고 판단되어 교감·교장 자격을 취득하고 거의 예외 없이 학교 관리자로 승진·임용되는 시스템이다. 승진 평정 점수에는 경력 평정점, 근무 성적 평정점, 연수 성적 평정점, 지역 가산점 등 각종 가산점이 들어간다.

경력이 많은 교원일수록 유리한 평가체계인 반면, 미래사회를 대비하기 위한 학교 운영 역량과 전문성을 반영하는 부분은 부족하다. 앞으로 교육계에는 고교학점제 도입을 시작으로 교육과정에 큰 변화가 있을 것이다. 융합교과 개설, 다채롭고 심화된 전문성을 갖춘 교원의 배치와 활용 등, 과거 학교의 형태에서는 경험해 본 적이 없는 과제를 해결해나가야 한다. 학생과 학부모는 새롭고 다양한 요구를 할 것이며, 교사들과 조정하고 의사결정을 하며 새로운 학교로 혁신해나가는 관리자의 역량이 필요한 시대가 왔다.

"교장을 하다 보면 솔직히 교장으로서 역량이 부족해 보이는 교장이 종종 있습니다. 저도 제가 스스로 훌륭한 교장이었다고 말할 수는 없지만 저는 교감이 된 이후 어느 때보다도 공부를 많이 했고, 그러면서 스스로 많이 변했다고 생각합니다. 교장이 된 후 연수에 한 번도 참여하지 않는 교장도 있습니다. 그들에게는 교장이 되는 것 자체가 목표였던 거죠. 제 주변에도 4분의 1 정도는 교장으로서 공부를 하기보다는 관광형 연수만 가는 사람들인 것 같습니다. 누구보다 교장들이 가장 많이 공부해야 합니다." **전직 초등학교 교장 정여운**

정 교장은 학교폭력이 학교 업무로 들어온 다음에 학부모가 교사를 대하는 게 달라졌음을 느낀다는 말도 덧붙였다. 학부모가 교사에게 여과 없이 거친 말을 퍼붓는 등 교사를 배려하지 않는 태도가 많이 보여 아쉽다고 했다. 정 교장은 그럴 때 교장이 제 역할을 해야 한다고 강조했다.

"학부모의 요구가 무리하면 교장은 학부모의 잘못된 생각을 바로잡는 역할도 해야 합니다. 무슨 일이 생기면 복잡해질까 봐 빨리 끝내버리려고 '알아서 해'라고 교사에게 떠넘기는 교장이 있습니다. 선생님이 돌아가신 사건들도 교장·교감이 먼저 나서서 교사를 보호했더라면 선생님들께도 위로가 되었을 텐데 교장을 해본 입장에서 많이 아쉬웠습니다."

2004년에 학교폭력 분쟁을 조정하기 위한 '학교폭력대책 자치위원회'를 학교마다 만들었다. 학교 폭력 업무를 교사가 담당하면서 관련 학생의 학부모가 본인의 심정을 교사에게 일방적으로 쏟아놓거나 사안 조사 과정에서도 교사에게 직접 항의하는 일이 잦아졌다. 업무를 담당했을 뿐인데 결과에 불복한 가해학생 측으로부터 개인적으로 고발을 당한 교사도 있다. 이럴 때, 교장과 교감의 리더십에 따라 대처와 지원 방법이 달라지고 그 결과도 차이가 난다.

교감의 리더십은 교장의 리더십에 큰 영향을 받는다. 교감은 교장과 교사 사이의 중간자로서 교사에게는 리더 역할을 해야 하고 교장에게는 팔로워 역할을 해야 한다. 이때 교장이 교감에게 부여한 신뢰와 책임감, 자율성이 교감을 통해 교사들에게도 그대로 이어진다.

"교장선생님께 부탁하고 싶은 것은, 교장선생님이 교감을 믿고 큰 방향을 잡아주시되, 자잘한 것은 실무선에서 알아서 해결하게끔 자율권을 주셨으면 좋겠다는 거예요. 교감의 입장에서 교사들과 논의한 뒤 담당 부장님이 교장님께 보고하러 갔을 때 교장님 마음대로 바꾸라고 하면 중간에서 의견을 조정하고 모은 사람으로서 사기가 꺾입니다. 교장님 마음에 흡족하지 않은 의견이라도 교감의 위치를 이해해주시고 교감의 위신이 꺾이지 않게 해주시면 좋겠습니다."

현직 초등학교 교감 김현진

결국 교장의 리더십은 교감과 교사가 스스로 결정하고 스스로 성장하도록 자원을 어떻게 적절히 배분하느냐와 학부모나 교육 당국의 부당한 간섭을 받지 않고 학생을 교육할 수 있도록 보장해 주느냐에 달려 있다. 그러려면 교장은 학교 내부의 정점에서 멈추지 말고 계속 배워야 한다.

교사에게 함부로 하는 학부모에게 교장으로서 제대로 말하지 못하는 것은, 뒤로는 무사안일이라는 타성이 있겠지만 그 앞에는 교장으로서 상황을 바라보는 냉철한 판단력과 실행력을 잃은 무지한 권위의식이 자리하고 있다. 그 자리에 좀 더 현명하고 끊임없이 성장하는 사람이 앉았다면, 학교는 지금과 얼마나 달라졌을까. 양심 있는 교장·교감, 조금 더 냉철해진 교사와 학부모는 더 이상 자질 없는 관리자를 좌시하지 않는다.

장학사는 뭐 하는 사람인가

어릴 적 학교에 장학사가 온다고 하면 온 학교가 구석구석 청소하느라 분주했다. 그래서 교육계에 종사하지 않는 사람에게도 장학사는 교장, 교사가 눈치 보는 사람이라는 이미지가 있다. 실제로는 직급으로 치면 교장이 더 높은 급에 속한다. 장학사가 학교를 방문할 때 예우하는 이유는 장학사를 교육장 또는 교육감의 대리로 생각하여 존중하는 표현이지, 사실 상명하복의 관계는 아니다.

장학사는 교육청과 교육부에서 일하는 교육전문직을 말한다. 소속기관과 업무에 따라 교육연구사라고도 불린다. 교육청과 교육부에서는 행정을 담당하는 일반직 공무원, 학교와 직접적으로 연결되어 교육업무를 담당하는 교육전문직이 함께 일한다. 교육전문직은 교육경력이 있어야 하기 때문에 교사가 교육전문직시험에 합격하여 임용되거나, 교감 자격을 가진 사람이나 현직 교감이 전직하여 장학사가 된다.

과도한 행정업무는 학교에서 교사가 교육활동에 전념하지 못하는 이유로 꼽힌다. 교육청에서 내려오는 공문 처리가 많은 부분을 차지한다. 인터뷰 중 '차라리 교육청이 없으면 더 낫겠다는 생각을 한 적도 있다, 너무 유연하지 못하고 틀에 박힌 일을 추진한다'고 고백한 교장도 있었다. 장학사는 학교 현장을 제대로 이해하지 못한 채 교육계획을 쏟아내면서 교사에게 성과를 요구하는 존재로 인식되기도 한다.

> "장학사가 되고 보니, 상상도 할 수 없는 업무량을 장학사 한 명 한 명이 감당하고 있다는 사실을 알게 됐어요. 업무를 보다가 어떤 학교에 일이 발생하면 나갔다 돌아와서 저녁 8시나 되어야 일을 다시 시작하는 경우가 많아요. 야근을 할 수밖에 없어요. 선생님들이 민원이나 어떤 사안을 내실 때 조금 더 세세하게 배려하지 못해서 간혹 오해가 생기는 것은, 장학사 한 사람이 담당해야 할 교사별 사안이나 학교 업무 건수가 너무 많기 때문이에요." **충청지역 시교육청 소속 장학사 임지헌**

'같이 일할 사람이 한 사람만 더 있어도 할 만하겠다'는 말은 한 지역의 장학사만 하는 말이 아니었다. 장학사는 과로사가 염려될 정도로 과중한 업무량을 소화하고 있었다.

2021년 교육통계서비스에 따르면 전국 시도교육청에서 근무하는 장학사는 2000년에 712명에서 2020년에는 1,424명으로 정확히 두 배가 늘었다. 시도교육청보다 작은 교육청인 교육지원청 근무 장학사는 1,471명에서 2,051명으로 늘었다. 분명히 일할 사람은 많아졌다.

그런데 왜 이렇게 교육청에서도 한 사람 한 사람을 혹사시킬 만큼 일이 많은 걸까? 실제로는 필요하지 않은 일, 가짜노동이 끊임없이 만들어지는 것은 아닐까?

사무직은 18세기 유럽과 미국의 큰 항구에서 교역 업무를 기록하면서부터 생겼다. 사무노동을 육체노동에서 해방된 일로 보는 인식이 생기며 서기가 직업으로 선호되었다. 그러자 사무직이 점차 늘어나고, 문서를 기반으로 새로운 업무를 만들어내는 관료제가 시작되었다. 사무노동력을 효율적으로 관리하겠다는 명목으로 관리자가 증가하고, 동시에 사회에서 필요한 수준보다 과잉으로 교육받은 인력이 늘어났다. 잉여노동을 감추기 위해 하지 않아도 되는 일을 만들어내는 일은 사무직과 관료제의 특징이 되었다.

우리의 노동은 실제로는 적은 시간으로도 충분한데 그 사실을 외면하는 텅 빈 노동이 많아지고 있다는 것이, 오늘날 노동을 신랄하게 분석한 책 《가짜 노동》이 주는 메시지다.

"교육청이 정책을 너무 많이 쏟아냅니다. 기초학력을 증진한다고 하면 무슨 사업, 무슨 정책, '선도학교' '연구학교' 하며 이름 붙여서 실적 위주의 일들을 쏟아내요. 실제로 학교 말단까지 내려와서 그 정책이 얼마만큼 수행되는지 알 수 없고 효과도 크지 않아요. 오히려 선생님들이 자율적으로 할 수 있는 기회를 많이 주는 게 더 효과적이라고 생각합니다." **장학사 출신 현직 초등학교 교장 안명희**

교육청에서 장학사가 직접 여러 사업을 고안하고 일방적으로 내려보내기보다는, 학교에 여러 자율권과 선택권을 주면 장학사의 일은 조금 줄고 학교는 학교대로 재량을 펼칠 수 있는 영역이 넓어지지 않을까. 진짜 필요한 곳에 필요한 노동을 할 수 있도록 그 외의 것은 모두 걷어내는 것이 바로 학교 현장의 요구다.

인터뷰를 하다 보니, 교육청의 장학사는 장학사대로 몹시 바쁜데 학교 현장에서는 그 의미가 퇴색되고 있다는 점이 느껴졌다. 인터뷰에 참여한 장학사들에게 '지금 장학사로서 하는 일이 본인이 장학사로서 하길 기대했던 일이 맞느냐'고 물었다. 장학사가 말하는 본연의 임무, 장학이란 무엇일까?

> "솔직히 장학이라는 의미가 변질된 것 같아요. 옛날에는 장학이 수업 개선을 위한 조언, 학교의 교육활동이 효과적이도록 지도하는 것이었는데 요즘은 지원 쪽으로 바뀐 것 같아요. 선생님들이 수업을 안 보여주고 교실을 안 열어주기 때문에 그렇게 된 것도 있다고 봅니다. 장학사 본연의 역할을 할 기회가 없어지고 있어요. 학교에서 수업 나눔식으로 본인이 자평하고 성찰하는 게 요즘 트렌드죠."
>
> **장학사 출신 초등학교 교감 김현진**

수업 나눔은 교사가 수업을 공개하고 수업의 의도, 진행 과정, 결과에 대해 자신이 성찰한 바와 수업 자료를 나누는 일을 말한다. 수업 공개를 자발적으로 하는 교사는 많지 않다. 그 이유는 복합적이다. 교사 집단 내에서 수업은 교사가 재량에 따라 전문성과 개성을 발휘하는 영역이며, 고유 권한이므로 서로 간섭, 관여하지 않으려고 하는 인식이 있다. 수업을 공개하면 아무래도 평가받는 것처럼 느껴지기에 교사 입장에서는 부담감도 있다.

학교를 떠나 수업을 하지 않는 장학사가 수업에 대하여 평가하고 분석할 만한 자격과 능력이 되냐는 질문에 장학사 출신의 교감은 어떻게 생각할까?

"배울 마음이 있다면, 동료교사한테도 배울 거고, 배울 마음이 없으면 어떤 전문가가 오더라도 안 받아들일 거라고 생각해요. 교사들은 본인이 수업 전문가라고 생각하면서 이율배반적으로, 전문가답게 공개하려고 하지 않아요. 전문가는 전문가답게 계속 배워야 하는데 편한 쪽으로만 하려는 성향이 있습니다. 교감으로서 수업을 참관하다 보면 저 핵심역량을 기르기 위해 저 활동이 꼭 필요한가, 하는 생각이 들 때가 있어요. 특히 최근에는 학생의 흥미 위주로 수업이 편향되고 있다고 느낍니다. 타당성이 부족하고 자기합리화를 하는 도구가 되어버린 수업을 볼 때, 과연 이게 무엇인가 싶을 때가 있습니다."

교육학용어사전에 장학은 '교육활동의 계획연구·행정관리·학습지도·생활지도를 포함하는 여러 영역에 걸친 일련의 봉사활동이며, 교사와 학생이 자기 성장을 이룩할 수 있도록 조장助長하고 유도하는 학교행정 당국자들의 체계적이고도 지속적인 노력의 총체'라고 되어 있다. 쉽게 말하면 교사와 학생이 성장할 수 있도록 지원하는 연구, 행정, 생활지도 모두를 포함하는 일이다. 그렇다면 지금 장학사가 하는 일도 장학이 맞긴 하지만, 교사와 소통이 끊긴 장학이라는 느낌이 든다.

장학사가 본래 역할인 수업 장학에 집중하는 것이 지금 상황에서는 불가능하다. 우선 실질적인 효과가 떨어지는 관례적인 정책 기획과 집행을 줄여서 본인들과 학교의 불필요한 업무부터 줄여야 한다. 또 장학사의 수업 장학이 필요한지, 어떤 방향으로 가야 할지 학교와 교육청이 합의하며 공감대를 만들어야 한다. 이때도 합의는 교육부가 관여하지 않고 학교와 가까운 교육청이 학교와 지역 단위로 연대하는 것이 바람직하다. 지역마다 학교의 여건, 요구하는 교육활동과 방향이 모두 다르기 때문이다. 이렇게 자율적으로 세운 정책은 각 학교와 지역의 실정에 맞으므로 현장에 더 효과적일 것이다.

지금 필요한 것은 현장과 괴리된 정책을 고민하고, 상급자를 의전할 장학사 몇 명이 아니다. 교사들이 수업과 학생지도에만 전념할 수 있게 해주는 실질적인 지원인력이다.

우선 무의미해진 관행적인 업무는 무엇인지부터 찾아내는 일이 시급하다. 장학사가 이전 연도 계획서를 날짜조차 바꾸지 않고 그대로 복사하여 공문으로 보내는 경우가 있다는 것은 그것이 관행적이어서 이제는 불필요하거나, 매년 반복되는 일이므로 교육청에서 직접 다룰 수도 있다는 의미다. 그래서 학교마다 해야 하는 공통 업무는 교육청으로 이관하여 교육청에서 '진짜 지원'을 하는 시스템을 만드는 일이 필요하다.

교육전문직 임용시험에서는 교육 상황 전반에 대한 정책을 기획하는 내용으로 평가를 한다. 차라리 해당 지역의 학교별 문제 상황과 교사들의 요구를 제시하고 이 학교에 해줄 수 있는 지원이 무엇인가를 묻는 것이 현실적으로 필요한 평가다.

정책을 내려보내기 전에 각 학교에 무엇이 필요한지 먼저 물어주길 바란다. 그러려면 현장의 교사도 교육청과의 연대에 마음을 열고 협조해야 한다. 지금부터라도 우리에게 필요한 장학을 함께 고민한다면 교육청과 장학사가 하는 일의 관점을 바꿔갈 수 있다.

교육부는 누구를 위해
존재하는가

9.4 교사 파업 당시 '파업을 지지하고 재량휴업을 하며 교사를 징계로부터 보호하겠다'고 선언한 학교장을 보호하자는 서명운동이 있었다. 7만 명이 넘는 교사와 학부모가 서명했다. 파업에 참여하는 교사를 지지하고 보호하겠다는 학교장에 대한 신뢰도는 높아졌으나, 반대의 경우에는 갈등이 심화되었다. 변화하려는 교사의 의지를 무시한 채, 강경책으로 일관한 교육부가 교사와 관리자 사이의 신뢰를 무너뜨렸다는 비난을 받았다.

교육청, 교육부에서 장학관을 역임하고 퇴임한 한문호 씨는 교육부의 독단성을 비판했다.

"학교자율휴업일은 학교장 고유 권한으로 학교운영위원회 심의 사항입니다. 그런데 교육부가 징계 운운하면서 갈등이 커졌죠. 사실상 그 많은 교장, 교사를 다 어떻게 징계할 수 있겠어요? 불가능한

데도 교육부의 정책 혼란으로 구성원 간의 신뢰에 커다란 금이 가서 매우 안타깝습니다. 학교장이 법령에 따라 처리하도록 권한을 주어야 했습니다." **전직 장학관 한문호**

뒤에서 알아보겠지만 우리나라의 공교육은 역사적 배경에서부터 전체주의, 권위주의의 영향을 크게 받았다. 교육을 바라보는 교육부의 기본적인 관점이 잘못된 건 아닐까? 교육부에서 중책을 맡았던 사람으로서 교육부 정책의 가장 큰 문제점이 뭐라고 생각하는지 물었다.

"교육은 나라를 나라답게, 사람을 사람답게 하는 것입니다. 교육정책은 교원이나 학부모를 위한 정책이 아니라 학생을 위한 정책이어야 합니다. 학생중심 학교경영이고 학급경영이어야 합니다. 늘 무언가 조급하게 보여주려는 정책이 실패 원인입니다. 교육은 성과의 장기성과 비가시성 등 특수성을 가지고 있습니다. 그럼에도 불구하고 교육 문제를 해결하는 데 교육 논리가 아니라 정치, 경제, 법 논리로 풀려고 하는 것에서 실패의 원인을 찾을 수 있습니다. 학교폭력도 그런 논리로 접근하니 문제가 커진 겁니다. 정책의 기본이 안되어 있습니다. 실험도 안 해보고 그냥 실시할 때가 많습니다. 교육개혁은 점진적이어야 합니다. 반드시 피드백을 받아서 목표, 내용, 방법, 평가에서 무엇을 바꿀 건지 종합적으로 판단해야 합니다. 이해당사자가 전 국민인데 학교가 학교답지 못하고 교육을 교육답게 하지 못하고 있습니다."

학교를 학생 중심으로 경영하고, 교육정책을 세울 때는 각 학교에서 자율적으로 결정하고 결정에 책임을 지도록 해야 한다. 한문호 씨는 지금 학교 관리자, 교사에게 책무성이 부족하다고 지적했다. 자율성과 책무성은 동전의 양면과 같은데 자율성이 없으니 책무성도 약하고, 근본적인 학교 자율 경영이 이루어지지 않고 있다는 뜻이었다. 자율성과 책무성이 약한 것은 학교만이 아니라 교육청도 마찬가지다. 교육청도 교육부의 방침을 하달할 뿐 책임지려 하지 않는 경우가 많다.

상부조직이 하부조직을 독단적이고 고압적으로 대한다면 상부조직 내부는 민주적일까? 교육부 내부에서도 독단적인 의사결정이 이루어지고 있는 것은 아닐까? 실제로 교육부 내부의 정책결정 과정에서 현장 교사 출신인 교육전문직의 의견이 거의 반영되지 않고 있다는 제보를 받았다.

교육부의 조직은 크게 교사가 시험을 봐서 교육행정전문가가 되는 교육전문직과, 행정고시나 일반공채로 들어오는 일반직 공무원으로 구성되어 있다. 그런데 교육전문직의 의견이 반영되기 힘들다면 조직 구성의 문제를 살펴보아야 한다.

2022년 교육통계연보에 있는 교육부 정현원표를 보면 교사 출신의 교육전문직인 장학사·교육연구사의 인원은 60명인 반면, 일반직 공무원은 549명이다. 무려 1:9의 비율이다. 1990년에는 교육전문직은 51명, 일반직 공무원은 277명이었다. 22년 동안 현장 교사 출신인 교육전문직은 9명이 늘었고, 교육 현장 경험이 없는 일반직 공무원은 272명이 늘어 거의 두 배가 되었다.

1990년 당시에는 교사 출신 교육전문직 대 일반직 공무원이 1:5 정도의 비율이었는데 2022년에는 1:9라니, 현장 경험이 없는 관료 사회가 과도하게 비대해졌다. 교육부에서 일하는 일반직 공무원이 학교 현장에 파견되거나, 참관을 하거나 현장 관련 경험을 쌓을 기회도 없다.

교육조직이 행정 중심이 될 때 경계해야 한다고 지적한 미국의 정치학자가 있다. 벤저민 긴스버그는 교육조직이 더욱 비교육적이 되는 이유는 본질적인 교육활동을 알고, 주도하는 교수진이 점점 경영관리에서 멀어지기 때문이라고 했다. 수십 년 사이 미국의 대학 내 관료층이 늘어나면서 권력이 이동하며 교수진의 입지가 좁아지고, 비교수진 관료층은 새로운 문제가 발생할 때마다 새로운 부서를 만들어 해결하려는 경향이 높아졌다[10]고 한다. 한문호 씨가 전해준 교육부 내부 상황과도 유사하다.

"교육 행정고시로 진입한 사람이 많아지면서 교육부에 일반직이 적체되었습니다. 그들이 갈 자리는 한정되어 있으니 교육전문직의 자리가 줄어들었습니다. 교육정책을 일반직 공무원이 대신하고 있습니다. 교육전문직이 교육부에서 무시당하거나 배제, 차별된다기보다는 합리적 의사결정 과정에 소수의 의견이 존중되지 않는 경우가 많을 겁니다. 교육현장을 알고 있는 사람들이 정책 결정에 개입할 여지가 희박한 거죠."

교육부의 정책과 계획이 학교 현장과 동떨어진 데는 이유가 있었다. 교육부가 교육 현장을 알고 있는 사람들의 이야기를 진정으로 듣고자 한다면, 어떻게 접근해야 할까?

"교육부는 대표성 있는 이야기를 들으려고 노력해야 합니다. 현장의 의견을 들을 때 교육부가 고려할 점은, 이해당사자들의 의견을 균형 있게 수렴하고 정리해야 하며 의사소통의 왜곡현상이 없어야 한다는 겁니다. 이해당사자라면 학생, 교원, 학부모, 대통령실, 국회, 언론, 지역사회 등 다양합니다. 한국교원단체총연합회를 비롯한 교원단체, 학부모 단체, 교육 전문가 집단 등을 참여할 수 있게 해야 합니다. 참석자 개인의 의견이 아닌 교육공동체의 의견을 제시할 수 있는 시스템이 필요합니다. 교육부는 이익집단의 단합이 아닌 연대로, 전문성을 바탕으로 해서 의견을 수렴해야 합니다."

우리나라 교육의 중심부인 교육부에서 의사결정 과정이 어떻게 이루어지고 있는가를 보면 교육문제를 풀 실마리가 보일 것이다. 교육부는 교육부 관료를 위해 존재하는가? 교육과 학생을 위해 존재하는가? 현장에 있는 사람들의 이야기를 어떻게 수렴할 것인가? 이를 묻지 않는 교육부는 존재 이유가 없다.

나는 아직 교사가 되는 것을 포기하지 않았습니다

2019년부터 2023년 8월까지 임용된 지 1년 안에 퇴직한 교사 수는 330명이었다. 이 중 초등학교 교원이 161명으로 가장 많았다. 임용 후 1년 이내에 퇴직한 교사 수는 해마다 증가하고 있고, 반면 교대나 초등교육과의 지원율은 하락하는 추세다.[11] 이런 상황에서도 교사가 되는 것을 여전히 꿈꾸는 사람들이 있다. 그 주인공인 교육대학교 3, 4학년 학생들을 만나보았다.

인터뷰이 정보

> **대파** 23세. 철학을 좋아하고 부모님 두 분 모두 초등교사인 교대 3학년생. 의대 지망생에서 교대로 전향.
> **크류** 25세. 오랜 방황 끝에 N번 본 수능을 마무리하고 교직으로 최종 결정한 교대 4학년생. 2주 후 임용시험 1차를 치를 예정.
> **허민** 22세. 중국어를 잘하고 좋아하는 교대 3학년생.
> **하늘** 22세. 초등학교 때부터 은사님 덕분에 초등교사를 꿈꾼 교대 3학년생.

Q 교사의 꿈은 언제부터 가졌나요? 교대에 온 계기가 궁금해요.

하늘 초등학교 때부터 초등교사의 영향력이 가장 크다고 느꼈어요. 유명한 교사 작가인 초등학교 은사님의 영향을 받았어요. 선생님의 미술 수업이 지금까지도 가장 인상 깊었던 수업이에요. 지금도 가장 가고 싶은 나라는 선생님이 이야기해주셨던 루브르 박물관이 있는 프랑스예요.

크류 교사가 되고 싶다고 생각한 적은 없었어요. 중학교 가정 선생님이 "어차피 너같이 공부 잘하는 애들은 나중에 교사 하고 있을걸?"이라고 한 말에 반감이 생겼었거든요. 재수를 하고 나서 부모님이 공대 말고 교대를 권하셨어요. 설득을 많이 하셨는데 솔직히 5년간 방황했어요. 수능을 계속 보는 제 상황이나, 뉴스에 나오는 사건들을 보시고 부모님이 미안하다고 하시더라고요. 지금은 제가 할 수 있는 게 교사라는 걸 받아들였어요.

대파 재수를 하고 나서 교대에 지원했어요. 이과였는데 페이 때문에 의대를 지망했다가 수능 점수에 맞춰 교대로 진로를 바꿨어요. 부모님 두 분 다 초등학교 교사이신데 수능 이후부터 지금까지 계속 반대하세요. 그런데 꿋꿋하게 제 선택을 밀고 나가는 중이고요. 내 능력 선에서 안정적으로 살 수 있겠다 싶고, 실습을 해보니 어느 정도 적성에 맞는 것 같아요. 특히 인성교육이 이루어지는 교육의 핵심이 초등학교라고 느낀 것도 있고요. 교사를 하면 사회에 가치 있는 일을 할 수 있다는 신념이 있어요. 이 길이 힘들다는 걸 부모님이 아시니까 반대하시는 거 같아요. 남자 초등학교 교사로 살아간다는 게 길게 봤을 때 쉽지 않다는 걸 저도 알거든요. 어쨌든 교사를 선택한 데는 아버지의 역할이 컸어요. 학생 자랑을 많이 하는 교사이시거든요. 아버지 나름대로 뿌듯함이 있으신 것 같아요. 아버지를 보면 교사는 좋은 것도 학생 때문, 힘든 것도 학생 때문인 것 같아요.

허민 저는 솔직히 초등학교 때 선생님들께 좋은 영향을 받았는지 잘 모르겠어요. 중학교 때 공부를 못했는데 친구의 도움으로 성적이 올라서 고등학교 때부터 본격적으로 공부를 하게 됐어요. 친구가 나를 가르쳤듯이 내가 배운 걸 다른 사람에게 전달하는 게 재미있었고요. 대학교 1학년 때부터 학원강사, 조교로 일했는데 가르칠 때마다 성취감이 컸어요. 아이들을 만나는 게 행복하더라고요. 가르치는 것도 사회에 기여하는 것이라는 생각이 들고, 실습 때도 수업 네 가지를 재구성해서 수업을 하니 정말 재미있었어요.

Q 교사란 어떤 사람이라고 생각하나요? 비유나 문장 등으로 자유롭게 표현해주세요.

대파 교사는 사람을 만드는 사람이라고 생각해요. 강사가 아니라 교사인 이유는 단순히 지식을 전달하는 게 아니라 사람다운 사람으로 성장할 수 있도록 돕는 사람이기 때문이라고 생각해요.

하늘 선생님의 '선'자는 '먼저 선先'이잖아요. 인생을 먼저 산 사람이요. 자신이 겪은 인생을 아이들에게 알려주는 사람, 길을 열어주는 사람이요.

크류 교사는 인플루언서예요. 어려서부터 우리 반에서 선생님이 어떤 걸 하나 하시면 그 영향력이 어마어마한 것 같았어요.

허민 교사는 사랑하는 사람이에요. 사랑은 일방적으로 주거나 받는 게 아니라 쌍방이어야 하잖아요. 교사 지망 학생들이 교대 캠퍼스 투어를 오면 '제일 중요한 건 아이들을 사랑하는 마음'이라고 말해줘요. 아이들이 아무리 말썽을 부려도 예쁘면 괜찮은데 그렇지 않으면 너무 힘든 직업인 것 같아요. 실습 때 느낀 게 선생님이라는 이유 하나만으로 학생들이 사랑을 많이 준다고 느꼈어요. 그때 내가 이 직업을 잘 선택했구나 하는 생각이 들었고요.

Q 어떤 교사가 되고 싶나요?

하늘 친구 같은 교사요. 이 말을 하면 사람들이 다 너무 친구 같으면 안 된다며 질타를 해요. 제가 말하는 친구는 내 고민을 말할 수 있고 힘들 때 생각나는 사람이에요. 학생들이 편안하게 여겼으면 좋겠고요. 불편한 사람과 1년을 보낼 수는 없잖아요.

허민 아이들과 잘 노는 편안한 교사요. 아이들에게 '항상 선생님은 그 자리에 있어'라는 느낌을 주고 싶어요.

크류 일관성 있고 원리 원칙을 지키는 교사가 되고 싶어요. 아이들에 대한 선호도 개별적으로는 좀 다를 수 있겠지만 겉으로는 드러내지 않는 게 중요하다고 생각해요.

대파 아직 한 단어로 정의할 수 없는데 '이상한 선생님'이 되고 싶어요. 학생들한테 비일상적인 경험을 선사해주고 싶어요. 학교는 무언가 달라질 수 있고, 깨달음이 있고, 따분하고 지루한 일상적인 공간이 아님을 알려주면서 어린 친구들도 변화하고 성장할 수 있다고 느끼면 좋겠어요. 살던 대로 살다 보면 바뀌는 게 없잖아요.

Q 교대생활 중에서 교대 교육과정에 대한 생각이 궁금해요. 미래 대비를 위한 내용은 얼마나 배워요? 교대 공부가 재미있나요?

하늘 전반적으로 재미는 없어요. 교수님에 따라 수업 선호도가 갈려요. 1학년 때는 정말 뭘 배우는지 모르겠다고 느꼈어요. 3학년이 되어서는 실질적으로 진짜 도움이 되는 수업은 잘 듣게 되더라고요. 실질적인 게 아니고 학문적인 지식만 배울 때는 별 감흥이 없다고 느껴요.

크류 교대 교육과정의 핵심은 2, 3학년 교육과정인데 코로나19 때문에 컴퓨터로만 배워서 기억에 남는 게 없어요. 지도안 약안이나 세안을 제대로 가르쳐주지도 않고 해오라고 할 때 당황했어요. 임용시험과 관련이 있는 내용은 영어교육밖에 없는 것 같아요. 임용시험 공부는 반 정도만 현장과 관련이 있는 것 같아요.

대파 교대생을 대학생도 아니고 예비교사도 아닌 존재로 대하는 것이 가장 큰 문제인 것 같아요. 대학생 수준에 맞는 교양이나 인문학을 가르쳐야 하는데, 리포트 쓰는 법, 논문 보는 법 등을 가르쳐서 기본적인 학문 소양을 갖추기에는 적합하지 않은 교육과정이에요. (현장 적용이 가능한) 과목은 한 학기에 하나 정도밖에 없는 것 같아요.

허민 교대 교수님들 중 일부는 자신이 연구한 것을 학생들에게 보고하는 수준으로 수업하시는 것 같아요. 3학년 수업에 현장 교사들이 강사로 오는 경우가 많은데 현장 교사분들의 강의를 들으면 색달라요. 그분들 수업을 들으면서 우리는 3년 동안 뭘 배웠나 싶었어요. 3년 동안 이렇게 배웠으면 더 좋은 교사가 될 수 있을 것 같은데 하는 생각이 들더라고요. 현장 교사 강사님들은 잘 가르치는 걸 보면 커리큘럼의 문제가 아니라 가르치는 사람의 역량 문제예요.

하늘 실습마저 없으면 대학생으로서 더 발전한 게 없다고 생각해요. 교육 경력이 없는 사람이 교대에서 교사를 가르친다는 게 좀 이상해요.

Q 교대에서 배우는 것 중에 현장교사 강사 수업과 실습 외에는 교직을 이해하는데 도움이 된다고 느끼는 게 많지 않다는 뜻으로 들려요. 교직에 대해서 본인이 얼마나 알고 있다고 느끼나요?

하늘 거의 대부분은 실습으로 알게 되는 것 같은데 기간이 너무 짧아요. 실습 과정이 한 달인 곳이 있는데 우리도 그래야 한다고 생각해요. 2주씩 끊어서 두 차례 가는 건 학생들이랑 친해지는 데도 제약이 있고, 임기응변으로 하는 능력도 키우기 힘들어요. 쉽게 리셋이 되는 거 같아요.

대파 실습을 빼면 10~20%밖에 안 되는 것 같아요. 실습 때는 50~60%로 늘어나고요. 나머지는 발령 후 경험을 하며 실제로 채워야 하는 것 같아요.

Q 실습이 현장을 이해하는 데는 다른 교대 커리큘럼보다 훨씬 도움이 된다고 느끼는 것 같네요. 교생 실습을 해보며 느끼는 점이나 수업 실습 소감을 말해주세요.

크류 활동을 짤 때, 아이들이 어디까지 할 수 있을지를 생각해봐요. 수업 시뮬레이션을 머릿속으로 돌려보고 아이들이 할 수 있는 수준을 가늠해볼 수 있는 게 실습의 장점 같아요.

대파 관계 형성의 중요성을 알게 되는 거 같아요. 수업은 학생과의 상호작용이잖아요. 학생과 관계가 형성되지 않으면 뭘 해도 배움이 없어요. 그러다 보니 학생들을 이해하고 긍정적인 관계를 형성하는 데 주력하게 돼요. 학생이 능동적으로 궁금해하고 아하! 하는 포인트가 있는지 수업을 준비하게 되고요. 무책임하게 주어진 거 그대로 할 수도 있지만 어떻게 하면 더 좋게 할 수 있는가를 고민해요. 실습을 하면서 교육과정을 능동적으로 재구성할 수 있어요.

하늘 수업할 때 아이들이 재미있게 수업을 할 수 있을지를 가장 많이 고민해요. 도전적이고 실험적인 것들이요. 아이들의 기억에 남고 싶어요. 사실 아이들이 2학년이라 단순한 것을 하게 되어 있긴 해요. 애들은 생각보다 이미 많이 알고 있고요. 교육과정 순서 자체도 잘못된 것들이 있어서 학습목표가 수업 2분 만에 끝날 때도 있어요.

대파 맞아요. 교육과정과 현실이 동떨어져 있는 게 많다고 느껴요. 예를 들어서 시간의 양을 수업에서 알아보라는데 아이들은 이미 알고 있는 경우가 많잖아요.

허민 실습 커리큘럼에서는 선생님들의 수업을 직관할 수 있다는 것이 가장 좋아요. 시범 수업을 볼 좋은 기회죠.

Q 실습학교에서 지금 배우고 있는 것들 외에 무엇을 배우고 싶나요?

대파 문서작업, 행정처리 방법을 배워보고 싶어요. 공문서 작성 같은 건 나가면 혼자서 다 해야 하는 걸로 알아요.

크류 4학년 때 그런 걸 배울 수 있는 교직 실무 과목이 있긴 한데 임용시험 준비 때문에 제대로 하지 않게 돼요. 시기가 좀 적절하지 않은 것 같아요. 임용시험이 현장이랑 별 상관이 없는 게 문제인 것 같기도 하고요.

하늘 지도 강화(실습 중 현장 교사들의 강의)를 더 받고 싶어요. 학부모를 대하는 방법을 더 자세히 배우고 싶어요. 어떻게 대처하면 문제를 줄일 수 있는지, 관계를 더 좋게 만들 수 있는지 등이요. 겸직같이 교사로서 자신의 미래를 예상할 수 있게 하는 수업을 받아보고 싶어요.

허민 학생 한 명을 실제로 상담하는 경험을 해봤으면 좋겠어요. 2주라는 짧은 기간 동안 한 사람을 완전히 파악하는 것은 힘들겠지만 한 학생만이라도 처음부터 알아가는 과정을 실제로 체험해보면 좋겠어요.

Q 교대에서는 무엇을 더 배우고 싶나요?

크류 지도안 세안과 약안 작성법이요. 지금은 책만 나눠주고 끝이거든요. 그런데 가르칠 사람이 교대 안에는 없을 거예요.

일동 일단 현장 교사분들이 해주시는 수업이 더 늘면 좋겠어요.

허민 생활지도와 상담을 임용시험을 준비하느라 바쁜 4학년 때 배우는 게 아쉬워요. 임용시험과 동떨어진 4학년 교육과정인 것 같아요. 아동심리학을 조금씩 쪼개어 배우다 보니 아동을 총체적으로 이해하기 어려운 것 같아 아동심리학을 제대로 배우고 싶어요.

대파 교육법과 법률을 심층적으로 다루는 수업이 필요해요. 판단력을 키울 수 있게요. 현장에 나가서 무고한 일을 겪으면 피고인 입장에서 교육 관련 법률을 배우게 되는 현실이 안타까워요.

Q 교직 이슈에 대해 이야기 나눠볼게요. 최근 교사의 자살 사건을 보며 어떤 생각이 들었나요?

대파 교사이신 부모님은 '터질 게 터졌다', 10년간 쌓여 있던 고름이 터졌다고 표현하셨어요. 지금이라도 이슈가 되는 게 차라리 다행이에요. 나도 20년 후 같은 일을 겪을 수 있는 예비자살자인가 하는 생각이 들었어요.

허민 이게 그래도 뉴스에 나오니 다행이라는 생각이 들었어요. 솔직히 지금도 체념하는 마음이 커요. 낙관적으로 보려고 하지만 비관적인 면도 있어요.

크류 무기력해졌어요. 내가 똑같이 그 상황이 되어도 할 수 있는 게 아무것도 없을 것 같아서요. 어차피 해도 오래가지 못할 것 같은데 내가 왜 공부하고 있는지 회의가 들 때가 있어요. 가만히 있어도 눈물이 계속 나왔어요. 저는 화환도 보냈어요.

하늘 사람이 얼마나 더 죽어야 변화가 생길까? 사람들의 관심이 점점 줄어들 텐데. 그냥 가르치는 일이 좋아서 직업을 선택한 사람들인데 왜 다른 이유로 직업을 고민하게 만들지? 현타가 왔어요. 그런 일이 나에게 일어나면 어떻게 해야 하지 싶었어요.

Q 교사로서 앞날에 대해 어떤 생각이 드나요?

허민 많이 걱정되기는 하는데 이미 현장에 계신 선생님들이 나를 도와줄 것이라는 생각이 들어요. 집회를 하는 걸 보니 아직 교사라는 집단이 죽지 않았다는 생각이 들어요. 이 일을 계기로 교사들이 자신을 서로 보호해줄 수 있는 장이 펼쳐지지 않을까 하는 생각이 들고 상생하는 직업이라는 생각으로 바뀌었어요. 연대하며 살아가는 미래를 꿈꿔요.

대파 집회에 꾸준히 참여하고 있어요. 법 통과로 미약하게나마 변화가 시작되려는 것은 긍정적이라고 봐요. 교사로서 사명감이 있는데, 이런 뜻을 펼치지 못하고 기계적인 활동만 해야 한다면 매우 낙담하여 이 길을 등지지 않을까 싶어요. 교육다운 교육이 이루어지는 사회가 됐으면 좋겠어요.

크류 저는 비관적으로 봐요. 솔직히 교권 4법이 통과됐다고 하지만 확실하게 보호해주는 제도적 장치는 없는 것 같아요. 관리자와 교육청이 그런 장치가 마련될 수 있도록 하는 것이 매우 중요하다고 생각해요. 교사는 개인사업자가 아닌데 왜 사건이 터질 때마다 스스로 자신을 보호해야 하나요? 사람이 일을 지속하는 데는 동기 요인이 있어야 하는데 솔직히 보수도 낮고 그럴 만한 요인이 없다고 봐요. 이대로 가면 유능한 교원 유출은 막을 수 없을 거예요. 의료계도 수가가 20년 넘게 정체 상태인데, 그것 역시 의사들을 갈아 넣어서 만든 이용하기 쉬운 의료체계잖아요. 공교육도 마찬가지라고 생각해요. 교사들을 갈아 넣게 하는 현실이요. 우리나라는 교육이나 의료 서비스의 질이 높은데 이걸 저렴하게 누리면서도 불만만 많다면 더는 유지될 수 없을 거예요.

하늘 저는 저의 미래를 긍정적으로 보려고 해요. 외부요인 때문에 이 꿈을 포기하고 싶지 않아서 긍정적으로 생각하려고 애쓰는 거예요. 지금은 교권이 약화된 상태지만 예전처럼 다시 높아질 거라고 믿어요.

Q 지금 교육 현장의 문제점, 학교의 문제점은 무엇이라고 생각하나요?

크류 과도한 행정업무가 제일 큰 문제라고 생각해요. 공교육이 사교육에 밀리고 있는데 사교육 강사는 자기 수업만 집중해서 하잖아요. 공교육 교사는 다른 업무가 너무 많으니까 수업을 제대로 준비할 시간이 부족해요. 제 실습 담임선생님이 업무부장 일을 하면서 아이들에게 너무 미안하다고 하시더라고요. 행정업무가 본인 일의 80%를 차지하고 아이들에게 신경 쓰는 건 20%를 차지한다고 하셨어요. 학교는 학부모 문제는 해결해줄 수 없어도 행정업무는 해결해줄 수 있을 텐데 안타까워요.

하늘 교실이 교사랑 학생의 공간이어야 하는데 지금은 학부모를 포함해서 너무 많은 외부 요인이 그걸 방해하고 있는 것 같아요. 이게 가장 시급한 문제점이고 가장 걱정되는 부분이에요.

대파 존중이 사라진 사회 분위기가 가장 문제예요. 학부모도 내 아이 우선이고 선생님을 존중하지 않아요. 교육부도 교사를 실무자로만 취급하고요. 독립적인 주체로 대우하지 않는 것 같아요. 요즘 교사 처우를 이야기하면서 예전이나 지금이나 교사가 하는 일은 똑같은데 업무를 줄이고 싶어서 그러는 거 아니냐고 하는 사람이 있어요. 교사의 일은 늘면 늘었지 줄지 않았어요. 그런 현실을 모두가 직시해야 해요. 학교 현장이 점점 아이들이 오래 머무는 공간이 되었어요. 하는 것도 많아졌고요. 그런데 교사에 대한 대우나 시선은 더 박해졌어요. 금전적으로나 복지적으로요.

크류 사람들이 교직은 복지가 좋다고 하는데 정말 좋은 건지 잘 모르겠어요.

허민 야근 수당을 제대로 받을 수 없다는 게 충격이에요. 야근 수당을 받으려면 결재 과정이 복잡하잖아요. 초근 달아도 반려하는 관리자도 있고요.

Q 마지막으로 더 하고 싶은 이야기가 있다면 한마디씩 해주세요.

허민 학생, 학교, 학부모가 각각 제 역할을 하면 교육이 정상화될 수 있다고 생각해요. 교사를 존중해주는 법과 제도가 간절해요. 각자가 제 역할을 한다면 교육은 정상화될 수 있을 거예요. 다시 좋아질 수 있다고 믿어요.

하늘 아이들이 미래라고 하잖아요. 그 미래를 책임지고 이끄는 교사도 마땅히 존중을 받아야 하는데 현실은 그렇지 못하니까 교육이 망가지고 있어요. 아이들이 소중한 만큼 교사도 소중하다는 걸 사람들이 알아주었음 해요.

크류 교사의 권위를 다시 회복해야 해요. 교수님이 교권은 권리가 아니라 교사의 권위라고 하셨어요. 아이들의 사회화의 중요한 요소가 권위라는데 그만큼 교사의 권위가 존중을 받아야 하잖아요. 그런데 요즘은 그런 권위가 완전히 무너지고 요즘 부모들이 초등학교 교사를 '내가 일하러 갈 때 내 아이를 맡아주는 사람, 서비스 제공자, 내 요구를 들어줘야 하는 사람'이라고 느끼는 것 같아요.

대파 그럼에도 교육 현장은 나아질 수 있다고 믿어요. 앞으로 조금 더 교육다운 교육이 이루어질 수 있길 바라요.

4

공교육의 시선

: 희생 없는 교실을 위하여

어디서부터 잘못되었을까

공교육은 완전히 죽었는가, 아니면 아직은 다시 살릴 수 있는가. 이 질문에 답하려면 어디서부터 잘못되었는지를 먼저 살펴야 한다. 특히 다양성과 유연성보다는 획일성과 경직성을 띠게 된 우리 교육의 시작점이 어디인지를 알아보아야 한다. 그 시작점을 찾으면 무엇을 바꿔야 할지 힌트를 얻을 수 있지 않을까 한다.

우리나라 교육이 근대 교육의 모습을 갖춘 시기는 1894년(고종 31년) 갑오경장까지 거슬러 올라간다. 천주교와 서양 문물의 유입, 조선 말기 통속소설의 확산, 동학의 포교를 배경으로 민중이 자신의 욕구를 직시하며 각성하기 시작한 시기였다. 갑오경장으로 과거제를 폐지하고, 조선시대 교육을 맡아보던 예조를 없애고 학부를 만드는 등 교육제도를 근본적으로 개편하기 시작했다.

1895년에 고종은 교육의 힘으로 국민을 개명開明하고 바로 서는 나라를 만들겠다는 교육입국조서를 발표했다. 이후 교원양성기관인 한성 사범학교, 초등학교에 해당하는 소학교, 중고등학교에 해당하는 중학교, 외국어학교에 관한 학제를 발표하며 공립교육 기관이 곳곳에 세워졌다.

1956년에 《한국교육사》를 발간한 박상만 선생[12]은 새 교육이 시작된 이후의 결과를 다음과 같이 서술한다. "학교의 졸업장은 과거급제와도 같았다. 실업교육은 이해가 없는 것은 아니나 천하게 여겼다. 입학하는 학생은 벼슬길을 살필 수밖에 없었다. 벼슬길이 빠른 외국어학교가 가장 시세(인기)가 좋았고, 다음은 사범학교가 좋았다."

학교 졸업장이 취업과 개인의 능력을 보증하는 증명서의 역할을 하기 시작했다는 점, 졸업 후 '벼슬길', 즉 취업에 가장 유리한 학교로 외국어학교와 사범학교가 인기가 많았다는 점은 취업에 도움이 되는 학교를 선호하는 오늘날의 현상과 별반 다르지 않다. "그 당시의 교육이란 그 목적이 개인의 개성발달이니, 세계문화를 흡수하는 데 두지 아니하고 시대의 요구에 따라 그때그때 시급한 인재를 양성하는 데 그 목표를 두었기 때문에, 언제나 교육은 일종의 기계적으로 움직일 뿐이었다"[13]라고 한 부분도 지금과 유사한 당시 상황을 알려준다.

120년 전 교육 실태를 분석한 이 책에도 "부형이 완고하여 자질들이 가만히 입학하는 일이 많았다"라고 기록된 부분이 흥미롭다. 자식을 가르치고자 하는 학부형들의 굳센 의지에 따라 자식들이 군말 없이 기관에 입학하여 공부했다는 뜻이다. 그때도 부모는 자식에게 공부하라 강요했고, 자식은 부모 말을 잘 들었다.

을미사변과 을사늑약 이후, 호국운동의 일환으로 교육구국운동이 활발하게 일어났다. 교육은 국가를 위기에서 구원하는 데 가장 큰 역할을 할 것이라고 기대받은 분야였다. 교육구국운동의 최대 목표는 교육의 보급이었다. 그 당시 도산 안창호 선생은 연설에서 "의병을 일으키는 것도 좋으나 규율 없고 교양 없는 군인은 아무데도 쓸 수 없으므로 우리 후진을 힘써 새 교육을 시켜야 한다"라고했다. 신민회라는 비밀결사도 조직되고 전국 각지에 교육기관을 설치하여 청소년 교육에 힘썼다. 전국 각지에 상공업 기관을 만들어 국민을 교육하고 생활을 안정시키는 실천 운동이 벌어졌다.

교육계에서는 본격적으로 일본인이 우리 교육을 간섭하고 조종하기 시작했다. 정부의 각 부처에는 일본인 차관이 임명되어 차관정치가 시작되었는데, 이때 교육을 담당한 학부에도 일본인이 학부차관이 되었고, 관공립 학교에는 일본인 교원이 들어오기 시작했다.

정부에서는 교육방침이 담긴 학부대신의 훈계를 발표하며 보통교육(모든 사람을 대상으로 하는 일반적이고 기초적인 교육, 초중등교육)의 문을 열었다. 이 훈계에는 "강제적 의무교육은 아직 시기상조지만 귀천빈부의 차별 없이 국민 된 자 모두 새 교육을 받아야 하므로 보통학교를 확장하려고 한다. 보통학교는 관립, 공립 두 가지다"라는 내용이 담겨 있다.

주목할 만한 점은 이때도 훈육에 관한 요목을 학생 훈련 시 참고하라며 보급하고, 관공립 보통학교로부터 학생지도 실태를 조사하여 제출하게 했다는 점이다. 지금으로 치면 학생생활지도 고

시와 같은 문서가 이때부터 이미 존재했고, 모든 항목에 '순종(자료에는 종순鹽順)'이 들어 있었다. 우리 교육에서 순종이 강조된 이유는 우리 문화의 뿌리가 장유유서를 바탕으로 하는 유교문화이기 때문이었을 수도 있고, 보통학교의 기틀이 잡힌 시기가 일제강점기였던 만큼 일본에 대한 '국민의 충성과 순종'을 강제하기 위해서였을 수도 있다.

우리나라 교육의 특수성을 만든 또 다른 배경은 바로 한국전쟁과 국토 분단 현실이다. 1950년대부터 1960년대까지, '멸공신념'을 교육에서 실천해야 한다는 이념이 강했고, 군사훈련을 강화해야 한다는 주장도 이어졌다. 문교부의 장학 방침으로 전쟁에서 이기고 국토를 통일하기 위한 교육이 강조되었다. 자유인권과 평화를 수호하려면 전시戰時교육을 해야 하는 아이러니한 상황이 된 것이다. 1951년에는 학생에게 군사에 관한 기초 지식과 실기를 가르칠 목적으로 학생군사훈련 실시령이 공포되었다.

30~50대 학부모가 학창시절에 직접 경험하거나 들어본 적이 있는 '교련' 수업은 학교에서 군사훈련을 하는 과목이었다. 일제강점기에 일본이 학생들에게 군국주의 이념을 심고 학생이라는 인력을 군력 증대를 위한 자원으로 이용하려고 시작했던 수업이다. 이후 안전교육으로 대체되었다가 2011년에야 '교련'이라는 말이 사라졌다.[14] 이런 역사의 특수성 속에서 유난히 중앙집권적이고 다양성이 용인되지 않는 강압적인 문화가 싹텄다.

종합하면 우리나라의 공립학교는 근대 교육의 기틀을 잡은 조선 말기부터 급박한 시대 현실 속에서 태어났다는 태생적인 특수성이 있다. 개별 학생에게 오랜 시간 주의를 기울여 각자의 가능성을 가장 잘 키우는 쪽으로 교육을 하기보다는 급변하는 사회에 필요한 인재를 양성하여 사회 발전에 기여할 수 있는 '자원'을 늘리는 데 주안점을 두었다. 공교육의 개념이 생기기 시작한 조선 말기와 일제강점기에도 학부모의 교육열이 강하고 취업이 유리한 곳이 인기가 많은 풍토가 이미 있었다는 사실도 알 수 있다.

입시에 대한 열의도 우리 역사에 그 뿌리가 있다. 신분제가 폐지된 갑오경장이 단기 4227년이었으니 무려 그 시간의 대부분이 신분사회였다. 오랫동안 신분제도에 막혀 제약을 받던 사람들에게 본인의 능력에 따라 신분을 높일 수 있는 합법적인 기회가 생겼다. 개화기에 졸업한 학교와 졸업 후 가지는 직업에 따라 실질적인 '신분 상승'이 가능했던 것이다. 학부모와 학생의 입장에서는 꼭 잡아야 할 기회였을 것이다. 그로부터 130년이 지난 지금도 신분 상승을 꿈꾸는 부모와 학생이 엄청난 사교육비를 들여 입시를 위한 공부에 골몰한다.

지금 우리나라 교육의 현실은 역사의 산물이다. 이 말은 결국 지금 우리가 안고 있는 교육문화의 뿌리는 어느 누구의 잘못이 아니라 모두가 역사의 희생양이라는 뜻이다. 공교육의 아픈 뿌리는 이토록 깊다. 한두 사람의 인재가 등장한다고, 한두 가지의 정책이나 개혁이 성공한다고 바뀔 수 있는 것이 아니다. 그 사실을 직시하고 안타까운 마음으로 애도하며, 지금 우리가 할 수 있는 것을 찾아야 한다.

그 많던 교육개혁이
실패한 이유

우리나라는 정권이 바뀔 때마다 교육개혁을 단행했다. 교육개혁에 대해 들어본 적이 있느냐고 사람들에게 물으면 대부분 '그런 게 있었냐, 그런데 교육이 왜 이 꼴이냐'라는 반응을 보인다. 이처럼 국민이 체감하지 못한 교육개혁은 역대 정부가 남긴 교육개혁 보고서 안에 문자로만 존재한다.

그나마 교육계에서 가장 성공적이었다고 평가되는 개혁은 5.31 교육개혁이다. 1995년 문민정부 당시 '세계화를 위한 새로운 교육 체제 구축'이라는 목표 아래 추진된 5.31 교육개혁은 우리나라 공교육 개혁 역사에 한 획을 그은 것으로 평가된다. 개혁 전후의 공교육이 많이 달라졌고, 지금도 5.31 교육개혁 과제의 일부가 여전히 진행되고 있다.

5.31 교육개혁의 대표적인 성과는 교육재정 확대, 초등영어교육 정규교과 도입, 열린 교육 확대, 컴퓨터 정보화 교육의 개혁, 대

학 학부제 시행, 학교 평가와 행재정적 지원 연계 등이다. 이 중 열린 교육은 왜곡되어 큰 실효성이 없었다는 평가도 있었지만 획일화된 교육을 탈피하기 위한 노력이었다는 점에서 인정되는 부분도 있다.

'교육법'으로 일원화되었던 법이 〈교육기본법〉과 학교급별로 나뉘어 단계별·상황별로 필요한 법을 적용할 수 있게 되었다는 점, 학교운영위원회 제도와 지방교육자치제도를 정비한 교육개혁이라는 점이 소기의 성과로 인정받고 있다. 미래 대학교육의 부실을 우려한 정부는 대학 교육 제도를 정비하고 대학 평가와 재정 지원을 연계한 제도도 구축했다. 교육재정도 개혁 당시 GNP 5%를 목표로 하였는데 그것에는 미치지 못하지만 4.8%대로 확대했다.

EBS 수능방송의 출범도 5.31 교육개혁의 성과다. 1997년에 교육부가 발표한 '과열 과외 완화 및 과외비 경감 대책'의 일환으로 EBS TV 위성 교육방송이 출범했다. 2004년에는 인터넷 수능 강의가 개시되었다. 1995년 5.31 교육개혁의 교육정보화 사업으로 초중고에 TV와 컴퓨터 교실이 확보된 덕분에 EBS 교육방송을 학교에서도 활용할 수 있게 되었다.

1995년 당시 교대 4학년이었고 1999년에 발령을 받은 25년 차 교사는 5.31 개혁을 생생하게 기억하고 있었다.

"그때부터 학급당 학생 수 문제를 민감하게 생각하기 시작했고 교사 위주의 교육에서 학부모의 존재가 부각되었던 것 같아요. 갑자기 교사-학부모-학생이 교육의 3주체로 등장했어요. 사실 이게 바른 방향이긴 했죠. 그땐 너무 교사 위주로 교육이 이루어졌으니까요. 그런데 문제는 힘의 균형이 학부모 쪽으로 지나치게 넘어갔다는 거예요. 게다가 균형을 잡아줄 사람이 사라졌어요. 특히 교육감이 민선으로 넘어가면서 도교육정책을 균형 있게 추진해야 할 교육감이 학부모의 눈치를 보게 된 거죠." **25년 차 초등교사 조성광**

실제로 '교육 수요자' '교육 공급자'라는 개념이 이때부터 등장했다. 경제가 수요와 공급의 논리로 돌아가는 것처럼 교육의 효율성을 높이고 수요자의 요구에 열린 수요자 중심 혹은 학습자 중심의 교육을 하겠다는 의미였다. 이제는 학습자의 상황과 능력, 학부모와 사회의 요구를 교육에 적극적으로 반영하자는 의도였을 것이다. 그러나 근래의 교육 현실을 보면 이때 등장한 '수요자' 개념은 완벽한 서비스를 요구하는 '고객' 개념으로 변질된 듯하다.

조성광 씨가 기억하는 것처럼, 1995년 5. 31 교육개혁 과제 중 하나로 학교운영위원회가 제도화되었고 운영위원에게 간선으로 교육감을 선출할 권리가 주어졌다. 그러나 교육감 선출 과정에서 갖가지 비리와 폐단이 발생했고, 지방자치제의 확산과 함께 2007년부터 주민직선제가 도입되었다.

역대 정부의 교육개혁 과제로 자주 등장한 '교육과정의 내용과 방법 쇄신'에 대해 그 시절을 보낸 교사는 어떻게 기억하고 있을까?

"열린 교육도 하나의 가지 정도였는데, 열린 교육을 한다고 온 학교가 생난리였던 기억이 나요. 1999년에 제가 맡았던 반은 학생 수가 50~60명이었는데 열린 교육을 한다고 복도도 뚫고 학급 사이의 벽도 헐어버렸어요. 우리 실정에는 전혀 맞지 않는 교육이었죠. 입시 위주 교육, 일제식 교육에서 벗어나겠다고 마구잡이로 외국에서나 통할 교육방식을 무작정 끌고 왔던 거예요."

1930년대 영국에서 먼저 시작되고 1970년대 미국에서 대중화되었던 열린 교육은 1990년대 말에 우리나라 학교정책으로 들어왔다. 틀에 박힌 공간과 교육 내용을 넘어 자율화, 개별화된 교육을 하자는 하나의 움직임으로, 자유 속의 질서를 지향하며 인간성 회복을 추구하는 교육이다. 1995년에 수행된 연구논문에는 일본에서 1973년 이후 벽이 없는 교실을 만들어 열린 교육을 실행했다[15]고 나오는데, 몇 년 뒤 우리나라에 그 일이 그대로 일어났다. 열린 교육의 정신을 우리 실정에서 어떻게 실현할지를 고민한 것이 아니라 껍데기만 베껴 적용하려다 실패한 사례인 것만 같아 씁쓸하다.

그러면 이렇게 오랫동안 소프트웨어와 하드웨어의 측면에서 획기적으로 변화하려고 했던 교육개혁은 현장 교사에게 어떤 변화로 체감되고 있을까?

"전 솔직히 1990년대나 지금이나 수업과 공문 처리가 교사의 일인 건 마찬가지라고 느껴요. 그런데 업무가 질적으로 힘들어진 것 같아요. 각종 장부나 기안이 이제 모두 전산화되어서 칼같이 기록으로 남아 있다는 부담감도 있고요. 시대가 변하면서 학교폭력이라든가, 학부모회, 학생 자치 등 민감한 업무가 많이 늘어나기 시작했어요. 특히 학부모의 힘이 세지면서 그런 업무는 업무 자체의 경중을 떠나 학부모를 상대해야 한다는 부담감이 커진 거죠. 이런 일은 단순히 시간을 빼앗는 것뿐만 아니라 정신적인 스트레스를 주니까요."

교육개혁을 기억하는 교사의 증언과 역대 정부의 교육개혁보고서[16]가 지금 우리에게 주는 시사점을 정리하면 다음과 같다.

첫째, 학생이나 교사가 뚜렷하게 기억하지 못하는 개혁은 탁상공론에 불과하다. 제5공화국 때부터 지금까지 중앙정부가 아래로부터 의견을 모아 개혁과제로 삼은 협의의 예는 찾아볼 수 없다. 위에서 아래로 일방적으로 내려가는 권위적인 개혁이 아니라 시간이 더 걸리더라도 아래에서 의견을 모아 위로 올라가는 민주적인 교육개혁이 필요하다.

둘째, 제도는 자유와 민주주의, 진정한 교육의 의미를 보다 잘 실현하는 방향으로 가고 있더라도 결국 결과를 만들어내는 사람들의 시민성과 책무성이 중요하다.

셋째, 공감대와 이해가 부족한 상태에서 성급하게 제도를 도입하면 입안자의 의도와는 다른 부작용을 많이 만들어낸다. 이 부분은 제도를 본격적으로 들여오기 전에 협의와 시범, 실험을 충분히 한다면 의도와 결과의 간극을 줄여 보완할 수 있다.

넷째, 세계화의 흐름에 맞춰가는 것도 좋지만 그 전에 우리의 현 상황을 정확하게 이해한 우리 식의 제도를 장기적 관점에서 만들기 위해 노력해야 한다. 특히 이 부분은 이해당사자 간의 오랜 협의와 공감, 연대가 필요한 일인데 그동안 많이 무시된 과정이기도 하다.

이제 우리에게는 급격하게 철폐된 사회제도도 없고, 국토를 강점한 제국주의 세력도 없으며, 분단되어 있기는 하지만 급박한 전시 상황도 아니다. 협의하는 과정이 힘들어도 멀리 보고 함께 가는 교육의 기록을 점점 늘려나가야 할 때다.

사교육 없는 공교육이 가능한가

레밍lemming, 나그네쥐라는 이름의 이 설치류는 적합한 서식지를 찾아 떼를 지어 이동하다가 앞에 가는 레밍이 절벽에서 떨어지면 따라서 뛰어내리며 다 같이 죽기도 하는 동물로 알려져 있다. 이런 특성 때문에 앞에 가는 존재를 맹목적으로 따라가는 편승 현상을 레밍신드롬이라고 한다.

아이가 초등학교 1학년이 되자 주변에서 사교육을 많이 추천해주었다. 영어는 어느 학원이 좋고, 태권도, 미술, 피아노, 축구클럽 정도는 해야 한다 등등. 물론 이런저런 이야기를 듣다 보면 때로는 '그런가? 정말인가?' 하며 귀가 솔깃해질 때가 있다. 그런데 '많이들 그렇다고 하네. 그럼 나도?'라는 생각이 들 때마다 레밍 쥐가 떠오른다. 내가 생각하며 걸음을 옮기는 것인지, 그냥 일단 따라가는 것인지 잠시 멈춰 생각하는 편이다. 생각 없이 무작정 따라가다가 죽음을 맞는 처참한 레밍 쥐의 비극은 너도나도 사교육 열풍에 편승하는 부모들의 모습과 상당히 닮아 있기 때문이다.

인도의 코타는 인도판 대치동이라는 별칭으로 알려진 곳이다. 매년 최상위 의대, 공대 진학을 꿈꾸는 학생 20만 명이 몰려드는 이곳에서 2023년에 학업 스트레스로 최소 25명이 극단적인 선택을 했다는 기사가 나왔다. 인도에는 카스트 제도라는 신분제도가 여전히 존재하여 하층민일수록, 빈곤층일수록 공부로 이 카스트 제도의 벽을 넘어야 한다는 압박과 스트레스가 심하다. 코타에서 스스로 목숨을 끊은 학생 중 상당수가 신분의 벽을 넘고자 집에서 엄청난 희생을 하며 이곳으로 보낸 하층민, 빈곤층의 자녀들이었다고 한다.

우리나라는 카스트 제도 같은 신분제도는 없지만, 부모의 경제력, 사회적 네트워크와 문화자본을 바탕으로 명문대 졸업장과 좋은 일자리를 독식하며 계층을 세습하는 '세습 중산층 사회[17]'가 공고화되고 있다. 갈수록 부모가 소유한 부동산, 부모에게서 받은 교육 네트워크와 같은 계층 환경 없이는 '신분' 이동이 불가능해지고 있다. 그래서 그럴까, 한두 명밖에 되지 않는 자식에게 몰빵 투자를 하느라 오히려 점점 더 아이들을 빡빡한 학업 스케줄로 밀어 넣는 경우가 많다.

많은 학부모가 초등학교 1학년을 사교육을 본격적으로 시작하는 시기로 여긴다. 유치원에 비해 일찍 끝나는 학교 스케줄에 따라 돌봄 기능을 기대하며 학원으로 보내는 경우가 많다. 단순히 돌봄이 필요해서라면 제도의 보완으로 상황을 개선할 수 있지만, 경쟁의 숲에서 남들보다 우위를 점하기 위해 평이 좋은 학원으로 무작정 보내고 있는 것이라면, 이것이 적절한 선택인지 다시 한번 생각해봐야 한다.

《어머니, 사교육을 줄이셔야 합니다》를 쓴 정승익 교사는 책에서 '인서울 명문대'를 꿈꾸는 부모의 바람이 현실적으로도 가능한지 가성비를 꼼꼼히 따져보아야 한다고 말한다. 사교육의 효과는 부모의 기대와 투자에 비해 매우 작을 수 있으니 제발 사교육의 효과를 면밀하게 고려해서 사교육을 하라는 말이다.

아이에게 정말 필요한 사교육의 종류와 수준이 어느 정도인지를 깊게 생각하지 않는 부모는 아이에게는 리더 레밍 쥐인 셈이며, 최악의 경우에는 자신의 노후와 아이들의 사랑을 잃고 고독사할 위험을 안고 있는 팔로워 레밍 쥐 신세가 될 수 있다.

《강남에서 서울대 많이 보내는 진짜 이유》의 저자도 강남에서 자란 아이들이 서울대에 많이 가는 이유는 강남이라는 환경 때문이 아니라 좋은 공부그릇을 가진 아이들이 강남에 모이기 때문이라고 지적했다. 이 공부그릇이란 지적능력과 성취동기를 뜻하고 이것을 길러주는 일은 가정의 몫이다. 어떤 사교육을 어디서 얼마나 많이 시키느냐가 중요한 것이 아니라 아이 내면의 그릇이 중요하다는 말을 부모들은 새길 필요가 있다.

그렇다면 사람들은 현실적으로 사교육 없는 공부가 얼마나 가능하다고 느낄까. 여러 당사자들을 인터뷰하고 문헌조사를 하며, 이미 우리나라 교육은 사교육을 제외하고 생각할 수 없는 지경에 이르렀다는 것을 인정해야만 했다.

《1990년대생, 교사가 되다》에서는 1990년대생 교사들에 대해 연구했는데 연구에 참여한 1990년대생 교사들은 사교육의 힘을 더 이상 어찌할 수 없는 것으로 받아들이고 있었다. 연구자들은 '1990년대생 교사는 공교육 회복에 대한 기대가 낮고 사교육과 공교육은 함께 가는 것으로 이해한다'고 해석했다. 그들은 일정 부분 사교육이 필요한 부분을 인정하며, 공교육에서 자신이 할 수 있는 것을 한다는 인식을 가지고 교직에 임한다고 연구는 분석했다.

학부모는 또 다른 차원에서 사교육의 영향을 벗어나지 못한다.

"저는 일하는 엄마라서 저학년 아이에게 퇴근 시간까지 아이 시간의 공백을 채워줄 교육활동이 필요했어요. 학교 돌봄은 간식 먹고 잠시 쉬어가는 곳이자, 스마트폰이 없는 아이에게 다음 학원 스케줄을 챙겨주는 곳으로 이용하고 있어요. 집에서 학습하는 습관을 들이고 싶은데 그게 생각보다 쉽지 않거든요. 퇴근하고 오면 엄마도 아이도 지쳐 있고 밥 먹고 씻고 나면 빨라도 8시이기 때문에 숙제와 준비물 챙겨주기도 바빠요. 학원 공부가 성적에 유의미한 영향을 미치는지는 잘 모르겠어요. 집에서 가르쳐줄 수 없는 예체능 학원의 경우에는 아이가 원하는 분야를 스스로 결정했는데, 그래서인지 즐겁게 다니고 있어요. 학원이 아이에게 즐거움을 준다는 점에 만족하고 있어요." 초등학교 3학년생 학부모 한지화

한지화 씨처럼 하교 후 아이의 돌봄과 학습을 위해 가정에서 사교육을 하게 되는 상황이 우리나라 양육의 현실이다. 요즘 아이들에게는 공교육이 시작됨과 동시에 사교육이 시작된다고 보아도

무방하다. 부모와 떨어져 학원을 다녀야 하니 스마트폰과의 싸움도 시작된다는 것을 알 수 있다.

스마트폰도, 사교육도 적절하게 사용하면 큰 문제는 없다. 그 선을 지키기 쉽지 않지만 많은 학부모가 그 선을 찾고 지키려고 애쓰고 있다. 사교육도 아이와 함께 어떤 사교육을 선택해서 하느냐, 아이가 그 사교육에서 무엇을 얻느냐에 따라 의미가 달라질 수 있으니 부모의 지혜로운 취사선택이 필요하다. 이 책을 읽은 학부모는 아이와 자신을 레밍 쥐의 행렬에서 구하기를 마음으로 응원한다.

대한민국에서 사교육은 너무나 커졌고, 공교육은 붕괴되어 회복이 필요한 지경이라는 사실을 많은 이들이 언급하며 받아들이고 있다. 사교육이 없어진다고 해서 교육이 정상화된다고 볼 수도 없다. 공교육이 부실하면 부실한 공교육 안에서 또 새로운 문제가 터질 수밖에 없다. 사교육 해체가 공교육의 회복이나 바람직한 교육을 보장하지는 못한다는 뜻이다. 결국 사교육의 존재와 상관없이 공교육은 스스로 바로 서야 한다. 사교육을 탓하기보다는 교사가, 교육청이, 교육부가 재정비하여 공교육 스스로 몸을 일으켜야 한다.

또 사교육과 공교육 양쪽에 모두 발을 담그고 있는 당사자인 학부모와 학생은 더욱 중심을 잘 잡아야 한다. 공교육은 사교육에는 없는 기회의 평등을 제공해줄 수 있는 유일한 창구다. 누군가가 차버린 사다리를 주워서 다시 세워줄 수 있는 사람이 바로 학교 교사다. 공교육이 아무리 무너졌다고 해도 공교육만이 할 수 있는 이런 역할을 인정하고 존중하는 사회가 되길 바란다.

초등맘이 대입제도에
관심을 가져야 하는 이유

초등학교 학부모가 대입제도에 관심을 가지면, 사회가 바른 방향으로 가고 있는지 지켜보며 개선을 요구할 수 있다. 또 사교육 시장과 대입의 오랜 관계를 알고 최근 대입제도의 방향을 바르게 이해하면, 사교육 시장에 휘둘리지 않고 사교육을 적절히 활용할 줄 아는 학부모가 될 수 있다.

2025년부터 고교학점제가 본격적으로 시행된다. 고등학교에서도 대학교에서처럼 자신이 원하는 과목을 선택하여 학습하고, 일정 학점을 이수하면 졸업할 수 있는 제도다. 이 제도에는 학생 스스로 선택하는 메타인지 능력과 자기관리 능력이 많이 필요하다. 학생은 다른 학생과 교사를 더 폭넓게 만나 협업하고 소통해야 하며, 자신의 학습을 스스로 계획, 진행, 점검, 추적, 개선할 줄 알아야 한다. 이 말은 학생 본인의 책임이 더 커진다는 뜻이다.

2025년에 고등학생이 되는 학생부터 이런 학습을 시작하니, 지금 초등학생들은 머지않아 조금 더 보완된 제도 안에서 자유로운 학습권이 보장된 학습을 할 수 있으리라 기대한다. 어려서부터 부모가 가라는 학원 스케줄에 익숙해진 아이라면, 고등학교에 가서도 부모에게 의존할 가능성이 크다. 최근에는 학습시간과 인터넷 강의, 문제집 분량을 체크해주는 학습 코칭에 많은 돈을 쓰는 가정도 늘고 있는데, 이런 사교육은 모두 아이가 정말 갖춰야 할 역량이 무엇인지, 본질을 바라본다면 충분히 줄일 수 있는 부분이다.

학부모들은 우리나라에서는 무조건 수능을 잘 봐야 한다거나, 학교 내신도 최우수여야 한다는 비슷한 목표를 가지지만, 아이마다 개성, 능력, 자기 인생의 목표나 소망은 제각각이다. 그러므로 내 아이만의 삶을 위해 생활습관을 어떻게 형성하고, 사교육 방식을 어떻게 할 것인지를 장기적인 관점에서 고민해보아야 한다.

2024년부터 초등학교 교육과정도 바뀐다. 초등학교 1, 2학년부터 2022 개정 교육과정이 적용된다. 교육과정과 평가, 대입은 함께 간다. 교육과정이 바뀌면 무엇을 어떻게 평가해야 하는지를 다시 고민하고 개선해나가야 하기 때문이다.

2028년 대입 개편안에 따르면 수능은 통합과목으로 평가해서 모든 수험생이 문이과의 구별 없이 통합사회, 통합과학으로 수능을 본다. 지나치게 심화된 과목평가로 인한 사교육 과열을 막고, 융합적 사고를 하는 인재 육성을 하겠다는 의도다. 수능이 문이과가 구별된 체계로 계속되는 한, 학교에서도 문이과를 계속 구별해서 가르칠 수밖에 없고 학생들은 시험에 필요하지 않은 과목은 공부하지 않는 문제가 있다.

문과를 선택한 학생이 이과 관련 과목을 공부하지 않게 되고, 이과 공부를 하는 학생이 문과로 구분된 영역을 공부하지 않으니 통합적인 안목을 기르기가 어렵다. 수능과 직접적인 관련이 없는 예체능은 학교 교육과정 문서상에는 있으나 교묘하게 조정되어 수업시간이 줄거나, 학년이 올라갈수록 수능 과목에 집중하라며 편법적으로 운영되니 학생의 전인적 발달에도 도움이 되지 않는다.

수능체제가 문이과 통합형으로 가야 한다는 인식은 2013년부터 있었다. 문이과를 분리하는 방식은 한국과 일본에만 남아 있고, 융합인재가 중요한 추세에도 역행하는 것이기 때문이다. 교육부는 구체적인 계획을 수립하고 문이과 통합 수능을 추진했으나, 2014년 세월호 참사 이후 교육부장관이 교체되고 문이과 통합 교육과정 운영 시 축소될 심화 과목 관련자들의 교과 이기주의에 부딪혀 결국 실행되지 못했다. 그랬던 수능체제가 10년이 지난 후에야 다시 발전을 향해 움직이기 시작했다.

대입과 사교육의 관계에 대한 안목을 갖는 일도 학부모의 책임이다. 대입을 준비하려면 초등학교부터 이러저러한 것들을 해야 한다는 말에도 흔들리지 않고 소신 있게 교육하려면 말이다.

사람들이 말하는 것처럼, 정말 우리 아이가 살아갈 미래를 대비하는 데 초등부터 하는 대입 준비가 필요할까? 초등부터 대입 준비를 해야 한다는 말은 어떻게 나왔는지, 과거를 이해하면 지금도 정말로 그래야 하는지 판단할 수 있다.

1970년대 말까지만 해도 대학 진학률은 10%가 되지 않았고, 이 10%에 속하면 사회지도층에 어렵지 않게 들어갈 수 있었다. 명문대생이 새로운 신분제도의 지배층이 되니 노력해서 공부하면 계층이 바뀐다는 인식이 생겨 실력주의와 학벌주의가 생겨났다. 1970년대에는 본고사, 1980년대에는 대학입학학력고사가 실시되었는데 점점 재수, 삼수도 늘어나고 사교육이 확산되기 시작했다. 신군부세력은 1980년 7. 30 교육개혁으로 과외를 금지했지만 과외는 암암리에 계속되었다.

1994년에는 대학수학능력시험이 도입되었다. 대학입학 학력고사는 교과서 범위 내에서 출제되었으나, 수능은 학생의 사고력을 측정하기 위해 더 넓고 심오한 차원의 문제가 출제되었다. 이 시기의 소득 증가와 저출산, 유학의 시작은 사교육을 폭발적으로 늘리는 기폭제가 되었다.

2002학년도 대입부터 다단계 전형 등 새로운 선발 전형이 생겼는데 2010년대 들어 대입 전형이 수천 개에 이르자, '부모가 대입 전략을 얼마나 알고 있느냐, 사교육 컨설팅을 받느냐 못 받느냐'에 따라 합격 가능성이 달라지는 상황이 되어버렸다. 자연히 컨설팅 시장과 학습 코칭 시장까지 커졌다.

2008학년도 이후 대입제도 개편안부터 입학사정관제가 도입되었다. 대학은 대학이 원하는 인재상에 맞는 학생을 선정하고, 학생들은 학교생활기록부, 시험성적 등을 종합적으로 평가받을 수 있는 제도를 만들겠다는 의도였다. 아무래도 이런 전형이 생기면 학생들은 학교생활을 더 충실히 하며 생활기록부를 채우기 위해 다양한 경험을 쌓을 수밖에 없다.

그런데 안타깝게도 우리나라에서는 오랫동안 객관식, 점수식의 정량평가가 공정하다는 인식이 자리 잡고 있어서 입학사정관제는 신뢰를 얻지 못했다. 부모의 역량과 영향력이 입시 결과에 영향을 미칠 수 있다는 불만도 제기되었다. 이후 이 제도는 '학교생활기록부 종합전형'으로 이름을 바꾸고 보완, 변경되었다.

학생부 종합전형과 관련하여 정치가나 사회지도층 자녀의 입시 부정 의혹이 불거지면, 정부는 민심 수습을 위해 수능시험 성적의 영향이 큰 정시모집을 확대하는 쪽으로 대입 정책을 급히 바꾸기도 한다. 이런 일이 일어나면 학부모는 '역시 수능이 중요하대!'라면서 초등학생에게 수능 준비를 위한 사교육을 시키며 순응할 것이 아니라, 장기적인 논의 없이 대입제도를 임의로 급선회한 정부의 선택과 사회지도층의 비위에 분노하고 개선을 요구해야 한다. 그런 건강한 사회적 검토와 합의를 통해 발전되는 제도 안에서, 아이들은 학교에서 배워야 할 것을 배우고 평가받아야 할 것을 공정하게 평가받을 수 있게 된다.

수능이 공정하냐, 학종이 공정하냐에 정답은 없다. 공정성에 대한 공감과 치밀한 논의, 제도의 보완이 없으면 무엇도 완벽할 수 없다. 수능이 공정하다고 이야기하려면 수능 한 번을 위해 아이들이 살아가는 삶의 과정에서 무엇이 지켜져야 하는지를 먼저 논의해야 한다.

아이들의 삶이 빠진 공정성 논의는 결과만 따지는 어른들의 논리에 지나지 않는다. 우리나라 대입 역사에서 대입 시험 한 번으로 대학이 결정되는 역사는 길었다. 학생들이 단 한 번의 평가에 목매며 살아온 역사도 길었다. 당장 결과의 공정성만 외치느라 학생들의 삶을 외면해서는 안 된다.

학생들이 평소에도 단 한 번의 시험 결과보다는 자신의 성장에 초점을 맞춰 하루하루를 살아가고 그 기록이 인정될 수 있도록 하는 교육정책이 필요하다. 아이들의 삶을 아이들에게 온전히 돌려줄 수 있는 대입 제도는 어떠해야 할까. 이 점이 대입제도 개선의 중심이 되어야 한다. '자신이 원하는 것을 노력하는 만큼 인정받을 수 있는가, 이 사회는 그런 안전장치를 가지고 있는가, 대학 입시가 그 증거인가'는 아이들이 사회를 바라보는 눈과 신뢰를 만드는 데도 큰 영향을 준다.

대입 개편안이 앞으로 미래에 아이들에게 필요한 역량을 평가할 수 있는 도구의 역할을 제대로 하고 있는가, 장기적으로 보았을 때 학교 운영과 교육 결과에 바람직한 영향을 미치도록 변화되고 있는가를 초등학생 학부모도 물어야 한다.

아울러 대입 이후의 삶은 공정한가에 대해서도 생각해보자. 대입이 변화를 거듭할수록 사교육이 진화하고 팽창한 근본적인 이유는 대입 이후의 삶이 공정하지 않다는 인식 때문이다. 대입 이후에 노력하는 사람은 이미 기울어진 운동장에서 경기를 해야 하고 인생의 결과가 정해져 있다는 불신이 자리 잡았기 때문에 입시에 목을 맬 수밖에 없다.

지금 우리 사회에는 대입 이후의 삶이 누구에게든 안정되고 노력에 따라 타당한 대가를 받을 수 있다는 신뢰가 부족하다. 하고 싶은 일을 하며 살아도 먹고살 수 있고, 하는 일에 귀천이 없고 인간으로서 최소한의 존엄을 보호받을 수 있다는 믿음이 있어야 대작

하나에 평생을 바치는 예술가도 나오고, 새로운 시도에 인생을 거는 사업가도 나온다. 이런 믿음이 생기려면 사회적 약자를 보호하는 제도, 일과 사람을 보는 국민의 인식, 대입 제도가 모두 함께 개선되어야 한다. 학벌이 신분 재생산의 수단이 되는 사회에서는 대입이 어떻게 바뀌어도 비리와 공정성 논란이 끊이지 않을 것이다.

교사를 어떻게
성장하게 할 것인가

사회는 유능한 교사를 바란다. 자라나는 아이들을 가르치는 사람이므로 세상의 변화에 민감하며 성장하고 발전하는 교사, 그 노력이 아이들에게도 전달될 수 있는 좋은 교사를 바란다.

1년에 한 차례, 11월경에 실시되는 교원능력개발평가는 이런 맥락과 바람에서 만들어진 장치다. 학부모 입장에서도 능력 개발에 힘쓰는 교사는 든든하고 믿음이 갈 것이다. 그러나 현실적으로 교원능력개발평가는 매년 많은 부작용으로 논란이 되고 있다.

익명이라는 점을 악용하여 교사에게 악담이나 성희롱이 섞인 표현을 써서 교사가 상처를 입는 경우가 잦다는 뉴스는 매년 나온다. 참여 인원이 적으면 한 명 한 명의 답변이 설문조사 결과에 미치는 영향이 너무나 커서 결과를 신뢰할 수 없다는 문제도 있다. 또 교사의 정당한 교육활동인지 아닌지에 상관없이 학생이나 학부모와의 관계가 평가에 영향을 미칠 수 있다는 한계도 있다.

평가 문항이 교사도 인정할 수 있는 타당성 있는 문항이냐는 비판이 있다. 실제로 교원능력개발평가에 대한 연구 논문을 보면 지역별로 조금씩 설문 문항이 다르고 일부 지역은 관례적인 문항을 답습했으며 타당성이 떨어진다는 분석도 있다.

가장 논란이 되는 것은 '평가의 주체'에 관한 문제다. 대학교수 평가와는 다르게 어린 학생들이 교사의 지도 행위를 충분히 이해하고 교사의 전문성을 평가할 수 있느냐는 문제, 교사의 지도를 직접 받은 것이 아니라 간접적으로 교사의 전문성을 경험하는 학부모가 대리자로서 교사의 능력을 평가할 수 있느냐는 문제는 교원능력개발평가가 가진 한계로 지적되었다.

인터뷰를 진행하면서 교원능력개발평가 도입 당시 관련자와 인터뷰를 할 수 있었다.

"2004년 당시에도 5.31 교육개혁의 여파로 교원능력개발평가 도입을 갑자기 추진하기 시작했어요. 외국 유학파나 일반직 공무원들이 외국에서 하고 있는 교원평가 제도를 언급하면서 우리도 그런 제도를 빨리 실행하자며 몰아붙였지요. 그 당시 특히 교사 출신 전문직이 '우리 상황에 맞는 교원평가를 천천히, 여러 당사자의 의견을 반영하여 만들어야 한다'고 건의했음에도 급하게 추진되기 시작했어요. 소위 졸속 행정이었죠. 교육정책은 그렇게 외국 것을 그대로 가져온다고 되는 게 아닌데 말이요. 그때부터 문제가 커진 거예요."

학교에서 교원평가를 체감하는 교사의 입장은 어떨까?

"만족도라는 표현부터 잘못된 것 같아요. 교사의 능력 평가는 교육에 대한 전문성이 있는 평가단이 해야 합니다. 학부모는 교육에 대해서 비전문가이고 수업 분석 능력이 없습니다. 아이들도 교육에 대한 기본 지식이 없는데, 그 아이들에게 만족도 설문을 하는 것은 이치에 맞지 않습니다. 단순히 '나를 재미있게 하느냐, 나를 어떻게 해주느냐'에 평가 결과가 달려 있으니 평가 방향을 바꿔야 합니다. 교원평가에 소수만 참여하면 평균에 큰 영향을 미칩니다. 기간을 연장해도 학부모 참여율도 낮고 대체로 관심이 별로 없는 것 같아요. 교사에게 아주 긍정적인 부모와 아주 부정적인 부모만 교원평가에 관심이 많은 것 같습니다." **교원평가 업무담당 초등교사 조승혜**

신뢰도, 객관도, 타당도가 떨어진 평가도구로 교사를 평가하려는 교원능력개발평가가 교권을 침해하고 교사의 사기를 떨어뜨린다는 비판은 2023년에 일어난 교사 사망 사건 이후 더욱 힘을 얻었다. 결국 2023년에 교원능력개발평가가 1년 유예되었다.

교사가 능력을 점검하고 개발하는 노력을 한다는 점은 공교육 신뢰를 높이는 데도 중요한 일이다. 그렇다면 다른 나라에서는 교원평가를 어떻게 하고 있을까? 이를 살펴보고자 최근 진행된 연구논문[18]에서 해외의 교원평가 사례를 찾아보았다. 현재 미국, 캐나다, 영국, 독일, 프랑스, 핀란드, 호주, 일본 등에서 교원평가를 진행하고 있었다.

그런데 우리나라처럼 학생과 학부모가 직접 만족도 조사식의 설문조사를 하는 곳은 찾기 어려웠다. 미국 펜실베이니아주에서는 교육부가 평가 매뉴얼과 양식을 개발하면 학교의 담당 평가자가 평가했다. 평가 항목도 평가 대상자의 전문성과 관련된 것으로 한정했으며, 평가 결과는 코칭과 멘토링을 하는 데 쓰였다.

영국에서는 파격적으로 교원 급여와 평가를 연계하여 운영한다. 2013년 이후로 재직기간에 따른 자동적인 인상급여를 폐지하고 단위 학교가 자체적으로 방법을 개발하여 진행한다. 교원평가를 학교 실적 관리 과정으로 보아 학교장과 부장교사가 각 교사의 교수활동을 평가한다. 평가 결과는 반드시 피드백해야 하고, 평가관의 재량에 따라 일대일 토론 또는 집단 토론을 실시한다.

이처럼 외국에서도 학생과 학부모가 교사를 직접 평가하는 사례는 찾아보기 어렵다. 학교 교육이 우리나라처럼 공교육화된 독일에서는 국가의 인력관리 차원에서 교원평가를 바라본다. 그럼에도 학부모가 교사를 평가하는 제도는 없고 교내에서 학교장과 상급교사 등 평가자가 교사 본인만 알 수 있도록 4년에 한 차례 진행한다.

모든 나라가 평가를 의무적으로 하는 것도 아니다. 미국의 경우에는 연방 정부가 각 주정부의 상황을 고려하지 않은 채 교사의 효과성을 일방적으로 규정하는 문제를 방지하고자 의무 이행 규정을 폐지했다. 그리고 시스템 재정비를 위한 논의를 진행하고 있다고 한다.

다른 나라의 교원평가와 우리나라의 교원평가를 비교해보니 우리나라의 강제적, 수동적, 졸속적, 획일적인 교원평가의 미흡한 부분이 더 눈에 띈다.

‘어떻게 교사를 발전하게 할 것인가?’라는 질문은 적절하지 않다. 교사는 누구나 스스로 성장하려는 힘과 의지가 있다. 특히 교사는 어떤 직업보다도 직무만족도에 관련자들의 존경과 신뢰가 큰 영향을 미치는 직업이다. 학생, 학부모, 동료교사와의 관계가 중요한 교사에게 그들에게서 받는 신뢰와 공헌감은 행복의 중요한 요소다. 유능한 교사로서 인정받고 신뢰받으며 만족스러운 직업생활을 하고 싶은 것이 일선 교사의 마음일 것이다.

교사를 서비스 제공자처럼 여기고 고객만족도처럼 단순 평가에 그치기보다는, 실질적으로 교사의 마음에 와닿고 성장 동기를 격려해주는 평가도구가 충분한 협의와 숙고를 거쳐 장기적인 관점에서 만들어져야 한다. 아울러 교원평가제도의 개선과 함께 교사 역시 스스로 발전하기 위한 노력을 계속해야 한다.

교원평가를 하고 있다는 것 자체가 중요한 게 아니라 그 실효성이 중요한 것임을 학부모와 교사 모두가 공감할 수 있기를 바란다. 지금 우리에게 필요한 것은 고객만족도로 재단되는 교사가 아니라 스스로 공부하고 발전하는 교사다.

공교육을 살리는 열쇠

사회는 교사에게 많은 것을 기대합니다. 우리는 그들에게 교수 활동, 아동 발달, 학급 운영, 행정, 심지어 심리학 분야에 대해서도 전문성을 갖추길 바랍니다. 그런데 우리는 전문 인력으로서 그들의 가치를 온전히 인정하고 정말 존중하고 있을까요? 학교 시스템은 그들이 전문가로서 설 수 있는 충분한 무대가 되어주고 있을까요? 아마 아닐 겁니다. 교사에게 지우는 엄청난 책임에도 26%의 교사만이 그들의 사회가 자신이 하는 일의 가치를 인정한다고 응답했습니다. 교사라는 직업은 더 이상 매력적인 선택이 아니게 되었습니다. 이 상황을 개선하기 위해 우리는 무엇을 할 수 있을까요?

우리나라 이야기인가 싶지만 이것은 OECD TALIS 2018 영상[19]의 내레이션에 나오는 내용이다. OECD는 5년마다 OECD

TALIS(Teaching and Learning International Survey)라는 교수·학습 국제 설문 조사 결과를 발표한다. TALIS 2018은 48개국 1만 5천 개 학교, 26만 명의 교사를 대상으로 실시한 설문조사 결과로, 분석은 2022년까지 이어졌다. 2023년에 실시한 설문 분석은 진행 중이다. 교사에게 수업 외에도 학급 운영, 행정업무와 심리상담 등 1인 다역할이 주어지고 또 그것이 당연하게 여겨지는 것이 교사라는 직업에 대한 세계적인 인식인 듯하다. TALIS 2018에서 세계의 많은 교사가 교과 지도 외에 과도한 행정업무로 스트레스가 크며 자신이 하는 일의 가치를 인정받지 못하고 있다고 느낀다고 응답했다.

어떤 일이 가치를 인정받는다는 말은 그 일의 정의와 범위가 분명하게 인식되고, 그 역할의 가치에 걸맞게 처우를 받고 있다는 뜻이다.

우리나라에서 교사가 하는 일의 정의와 범위는 대중에게 분명하게 인식되고 있을까?

교사가 하는 일은 교육이다. 교과 지식, 교수법과 관련된 기술과 지식은 당연한 요건이고, 상담과 심리에 대한 이해도 필요하며 학급 담임교사라면 학급 운영이라는 공동체 운영 기술도 필요하다. 그런데 요즘은 민원, 대국민 서비스라는 새로운 업무에 임기응변이 필요하고 수업 외의 일들이 더 위주가 되어 교사와 학생의 일과를 좌지우지한다. 어느새 교사라는 직업은 '교육이 버거운 서비스직'이 되었다.

TALIS 2018의 설문 결과에 따르면 한국 교사의 행정업무 시간은 주당 5.4시간으로 OECD 회원국 평균(2.7시간)의 두 배였다. 학교가 하나의 시스템으로 존재하는 곳이라면, 업무별로 전담 인력이 있어야 한다. 특히 교사가 본연의 전문성을 갈고닦을 수 있도록 교육활동에 필요한 회계나 행정업무를 보조하는 인력이 필요하다. 교사가 수업과 본연의 업무에 충실할 수 있는 여건이 마련된다면 사교육의 영향력을 줄이는 것은 물론이고 아이들에게 질 높은 수업으로 배움의 기쁨도 돌려줄 수 있다.

다행히 2023년 10월에 한 광역시에서 교사가 담당했던 행정 업무를 전담하는 학교행정지원청을 만들겠다는 계획을 발표했다. 교사가 학교 행정업무까지 담당하는 것이 당연시되는 현 상황을 타개하려는 적극적인 조치다.

일본에서는 2023년 하반기에 정부 차원에서 교사의 업무부담 완화를 위한 정책을 적극적으로 펼치겠다고 공표했다. 그리고 2024년 2월에는 나라현이 일본 최초로 '교사의 부활동 지도(동아리 활동)'를 전면 폐지하고 지역 인력과 인프라를 활용하는 지역 이행을 추진하겠다고 발표했다.[20] 교사의 휴일지도 관행도 없애고, 교사의 업무분담을 덜어줄 현장 지원 인력 확보를 위해 예산도 3천만 엔(약 2억 6,800만 원)에서 7천만 엔(약 6억 2,000만 원)으로 전폭적으로 늘렸다.

나라현이 확대 배치하려고 하는 지원 인력은 교사의 자료 작성이나 수업 준비 지원, 학생 학습 활동 지원, 상담 등 여러 분야를 포괄한다. 이런 역할을 전부 교사 한 사람이 담당했던 것인데, 나라현은 비로소 이 각각의 역할에 인력이 필요하다는 것을 인정하고 적극적으로 개선하기 시작했다.

특히 '스쿨소셜워커'를 현 내 모든 중학교에 파견한다는 정책이 눈에 띈다. 스쿨소셜워커는 학생의 문제 행동 배경을 찾고 가정과 학교, 아동상담소 등과 연계하여 문제 해결의 실마리를 찾도록 돕는 인력이다. 한마디로 학교-가정-관계기관 사이에서 조정자의 역할을 하는 학교사회복지사 같은 개념이다.

한 학급을 담당하는 교사가 학생의 가정 상황을 조사하고, 문제를 파악하고, 지역을 연계하여 해결하는 전 과정을 하기는 쉽지 않다. 요즘은 개인정보를 보호한다는 이유로 담임교사가 부모의 직업이나 가정환경을 정확하게 파악하기 어려운 실정이다. 담임교사가 가정 상황을 정확하게 알고 싶어서 면담을 요청하거나 질문하면, 부담을 갖고 방어적으로 대처하는 학부모도 있다. 그런 상황에서 가정 상황을 면밀히 파악하여 지역의 인프라를 활용할 수 있도록 돕는 지역 차원의 조력자가 있다면, 학교와 가정의 연계 지도와 지역 네트워크 활용에도 도움이 되지 않을까.

교원의 업무 경감과 처우 개선이 나라현 지사의 선거 공약이었다는 점은 우리나라에도 시사점을 준다. 정책을 만들고 실현할 수 있는 사람이 교육에 관심을 기울이자 실질적인 변화가 일어나고 있다. 교육에 필요한 공약을 내세운 후보자를 유권자가 뽑았다는 사실도 중요하다.

또 나라현의 정책 방향에서 눈여겨보아야 할 점은 '교사가 아니어도 할 수 있는 일'을 줄여줌으로써 교사의 업무를 줄일 수 있게 한다는 것이다. 일본과 한국은 교사의 업무가 가장 많은 국가로 알려져 있다. 우리나라도 교사들의 에너지가 낭비되는 현실을 직시하고 지방자치단체와 정부 차원에서 적극적인 조치를 시작해야 한다.

학생들을 인터뷰하며 교사에 대한 학생의 존경심은 근본적으로 수업 전문성에서 나온다는 사실을 깨달았다. 초등학생이든, 대학생이든 공립 일반학교이든 대안학교이든 모두 공통이었다. 교사의 인품도 중요하지만, 우선 잘 가르쳐야 한다. 기본은 수업이다. 교사가 가르치는 일에 최선을 다할 수 있어야 한다.

교사가 '교사여야만 할 수 있는 일'에 집중할 수 있는 여건을 만들어주는가가 공교육을 살리는 중요한 열쇠다.

학교장과 교육감은
될 만한 사람이 되는가

 교육 현장에서 학생, 학부모, 교사가 가장 가까이에서 만날 수 있는 리더는 학교장이다. 그런데 3장에서 살펴보았듯이 만들어진 지 70년이 다 되어가는 오래된 승진체계로는 교장이 필요한 역량을 갖추었는지 알 수 없다.

 그 대안으로 떠오른 방법이 교장 공모제다. 개별학교가 교장을 공개 모집하여 뽑는다는 점에서 학교 구성원의 요구에 적합한 유능한 교장을 임용할 수 있다는 장점이 있다.

 승진점수 쌓기에 열을 올리느라 본질적인 교육활동은 부실하게 할 우려가 있는 기존 승진 문화를 개선하고자 교장 공모제를 도입했다. 학교별 자율권을 늘리며 교장임용 방식을 다양화하기 위해 2007년에 시범 도입하고 2012년부터 정식 운영하는 제도다. 특히 내부형 공모 교장은 교장 자격증이 없어도 초중등학교 교육경력 15년 이상인 교육공무원 또는 사립학교 교원도 교장이 될 수 있어 파격적인 교장임용제도다.

한 학교에서 교장공모제를 하면 그 학교에 지원하려는 교장 후보자는 해당 학교의 실정을 자세히 알아보고 학교 발전을 위한 방법을 찾는 노력을 할 수밖에 없다. 2008년부터 10여 년간 이어온 공모 교장의 효과성에 관한 연구 결과를 보면 공모 교장이 기존 승진제 교장보다 긍정적으로 평가되고 있다는 점을 확인할 수 있다.

공모 교장제도를 부정적으로 보는 시각도 있다. '공모 교장으로서 실적과 업적을 보여주기 위해 애쓰느라 학교 일이 많아진다'거나 기존 승진 루트보다는 비교적 짧은 교육경력으로도 교장이 될 수 있으니 '진짜 교육 발전보다는 빨리 승진하려고 하는 거다'와 같은 인식이 많다. 또 교장공모제 도입 초기부터 특정 교원단체 인사들이 많이 관련되었고, 평교사가 교장으로 뽑혔다가 임기가 끝나면 평교사로 돌아가야 한다는 규정이 있음에도 교육계의 주요 자리를 꿰차는 용도로 이용하여 제도의 취지가 퇴색되었다는 비판을 받기도 한다. 게다가 학부모 마음에 드는 학교운영을 해야 한다는 압박에 소신 있는 교육활동이 쉽지 않다는 문제점도 있다.

여러 부작용은 있지만 경력순, 점수순으로 승진하는 기존 교장 승진제도보다는 실질적으로 교장이 갖춰야 할 역량을 평가하므로 합리적인 면이 많은 제도다. 교육경력 15년 이상이라는 조건만 갖추면, 자신의 철학과 노하우가 담긴 학교 경영 정책을 펼칠 수 있다. 심사를 받으려면 학교의 실정을 철저히 분석하고 학교에 맞는 경영 방침을 강구해야 하기에 교장 활동의 효과가 높을 수밖에 없다. 또 심사할 때는 학교 구성원이 중요하게 생각하는 가치를 반영하여 뽑는다는 점에서 교육자치와 맞춤형 교육을 할 가능성이 커진다.

교장공모제가 적용되는 공립학교의 비율이 낮은 만큼 아직은 낯선 제도이기에 대중의 관심이 필요하다. 또 제도가 더 나아질 수 있도록 연구와 사회적 합의도 활발하게 이루어져야 한다.

학교 밖에서 학부모, 교사가 체감하는 교육계 리더로는 교육감이 있다. "우리 지역 교육감이 누구인지는 몰라도 선생님들 입장을 옹호하는 사람인 것 같아서 좋은 것 같아요." 9.4 교사 파업 당시 교육감의 입장에 따라 지역마다 교사들의 분위기가 달라지는 모습을 보고 학부모인 지인이 한 말이다. 교육감은 분명 직선제로 뽑고 있는데 누구인지 모른다는 사실과, 관심조차 없었다는 사실을 일깨워준 한마디였다.

가장 최근에 있었던 2022년 교육감선거 당시 중앙선관위는 지방선거 전 유권자 의식조사를 하며 교육감에 대한 관심도를 물었다. '관심 없다'라고 응답한 비율이 56.4%로 '관심 있다'라고 응답한 비율인 43.6%를 크게 웃돌았다. 2008년 선거에서 서울시교육감이 직선제로 선출되었을 때도 투표율은 15.4%에 그쳤다. 2010년부터는 지방선거 때 교육감선거를 함께 치르면서 투표율은 자연히 올라갔지만, 교육감에 대한 관심은 여전히 저조하고 투표를 포기하는 경우도 많았다.

실제로 제8회 전국동시지방선거 당시 교육감 선거 무효표는 전국적으로 90만 3천 표에 달했다. 시도지사 선거 무효표가 35만 표였던 점과 비교하면 교육감 선거는 특히 더 대중의 관심이 없다는 뜻이다. 서울만 놓고 봐도 교육감 선거 무효표는 21만 7천여 표였다.

서울시장 무효표가 3만 8천여 표였다는 점을 생각하면 관심의 차이가 대단히 크다. 지방선거 후 실시한 유권자 의식조사에서도 교육감 지지후보를 투표 당일에 결정했다는 유권자가 18.1%나 되었다.

직선제는 국민의 뜻이 직접 반영되는 제도이므로 민주주의 제도 중에서도 긍정적인 부분이 많으며, 개별 국민에게 성숙한 의식이 필요한 제도이기도 하다. 그러나 유권자가 '깜깜이', 즉 눈을 가리고 하는 투표처럼 알지도 못하고 생각도 없이 찍는다면 과거 부정선거로 얼룩졌던 대한민국 초기 민주주의의 수준과 별반 다르지 않다.

상황이 이렇기 때문에 최근에는 교육부에서 시도지사와 교육감이 함께 나오는 '러닝 메이트제' 도입을 제안하기에 이르렀다. '민주주의의 역행'이라는 비판과 '유권자가 관심을 갖지 않는 직선제는 폐지하라는 것이 유권자의 입장'이라는 주장 사이에서 교육감 선거는 표류하고 있다.

이렇게 교육감 선거에 특히 관심이 없는 이유를 몇 가지 들 수 있다. 본인이나 자녀의 학업 기간이 끝나면 교육에서 관심이 멀어지는 유권자의 상황, 교육은 정치 중립적이어야 한다면서도 정당의 지지를 받는 듯이 '보수' '진보'를 전면에 내세우는 표리부동한 후보와 그 뒤의 세력들, 다양한 정책을 비교하고 선택해야 하는 유권자의 권리를 무시하고 '보수' '진보' 진영의 승리를 위해 무리하게 단일화를 추진하는 관행 등이다.

또 불법선거운동과 뇌물수수로 구속되는 교육감이 선거 때마다 나오고, 선거에 승리한 교육감은 매번 '선거 공신' 위주로 인사

정책을 펼친다. 교육감 선거를 치를 때마다 교육계가 요동치는 걸 보며 유권자가 선거의 가치를 느끼지 못하는 것은 아닐까. 지금까지 나열한 문제에 '아이들을 중심으로 둔 진짜 교육 정책'은 과연 있기나 한 것인지 의문이 든다. 직선제, 임명제, 러닝메이트제 각각에 대한 논의와 연구, 사회적 협의도 부족한 상황이다.

그럼에도 앞으로 계속 교육감 제도에 관심을 가져야 한다. 교육감이 지닌 권력이 일반인이 생각하는 수준 이상으로 막강하기 때문이다. 전국의 교육감 17명이 집행할 수 있는 연간 예산은 2023 회계연도를 기준으로 97조 원에 달한다. 전국 3만여 개 학교의 운영이 이들의 손에 달려 있다.

교육감 선거를 위해 편성되는 예산은 2018년에 2천억여 원에 육박했다. 2018년에 인천교육감으로 출마했다가 중도 사퇴한《교육감 선거: 교육이 망가지는 이유》의 저자는 '정치 중립 선거, 돈 안 받고 안 쓰는 선거, 후보자가 직접 만들고 뛰는 선거(일명 3無선거)'를 표방했다가 교육감 선거 과정에서 상처를 입은 이야기를 솔직하게 적었다. 저자가 경험한 교육감 선거란 치밀하게 정치적이고 보이지 않는 곳에서 위력과 거래가 있으며 수많은 수혜자가 얽힌 선거였다. 저자는 교육감 선거가 아니었다면 아이들을 위해 쓸 수 있었던 2천억 원이 '깜깜이 선거'로 낭비되었다고 지적했다.

사교육 정보를 꼼꼼하게 알아보는 열정만큼 우리나라 교육, 우리 지역 교육이 아이들을 위해 잘 이루어지는지 관심을 가졌으면 한다. 그러려면 교육감 선거부터 관심을 가지고 소중한 한 표를 행사해야 할 것이다.

불편한 교육

"요즘은 민원을 내는 분들이 '울분에 차 있는' 경우가 많습니다. 몹시 억울하시고 학부모끼리는 물론이고 담임교사에 대해서도 씩씩거리면서 화가 가득 차 있어요. 이건 사회적인 현상인 것 같아요. 워낙 사는 게 힘들고 여유가 없이 바쁘다 보니 그런 것 같기도 해요. 가정에서 편안하고 여유가 있으면 문제가 발생했을 때 크게 연연하지 않고 넘어가는 경우가 많아요. 그런데 가정에 어려움이 있거나 부부 사이가 좋지 않은 경우에는 여기저기서 문제가 터지는 것 같아요. 아이에게 감정적으로 대하거나, 아이의 문제에 대해서도 폭발하듯 대응하는 것도 같은 맥락으로 보이는데, 그 강도가 갈수록 심해지고 있습니다." 경상북도 초등학교 교장 안명희

요즘 사람들에게 피해의식이 있는 것 같다는 이야기는 인터뷰 과정에서 여러 차례 나왔다. 무엇에 대한 피해의식인지는 정확히

알 수 없지만 '분노'는 분명 현대 사회의 키워드다. 교권 침해 사례는 실제로 단순히 교육활동과 관련된 수준을 넘어서 한 개인의 인격을 파괴하는 수준에 이르렀다. 한 개인을 극한까지 몰아넣는 극한의 감정이 있다.

2023년에는 묻지 마 살인 사건이 번화가, 산책로, 백화점 같은 열린 장소에서 불특정 다수를 상대로 하여 다발적으로 일어났다. 공격적인 언행을 하는 사람들로 황폐화된 학교, 어디서 분노에 찬 사람이 튀어나올지 모르는 사회는 비슷한 모습을 하고 있다. 공격성과 분노는 소외감, 박탈감, 억울함에서 나올 때가 많다.

정서적으로든 경제적으로든 소외된 사람으로 인한 강력범죄, 민원과 감정적 대응의 증가, 학생과 학부모 모두가 깊게 관여하는 학교폭력 사건의 증가는 경제적 양극화를 넘어 정서적 양극화가 일어나고 있다는 증거다. 양극화는 타인을 나와 '다른' 사람이라고 인식하게 하는 것이 아니라 나와 '반대인' 사람으로 인식하게 한다. 자연히 타인의 존재를 더 위협적으로 느끼게 되니 자기 보호를 위한 방어기제가 작동하며 더 맹렬히 반응하게 된다.

《나쁜 교육》은 덜 너그러운 세대와 편협한 사회가 어떻게 만들어지는가를 심층적으로 연구한 결과를 담은 책이다. 미국의 대학가는 점점 더 다양한 표현의 자유가 줄어들고 학부모는 편집증적으로 아이를 보호하는 방향으로 변해가고 있다. 책에 따르면 이런 사회적 변화에는 '우리 대 그들' '안전 대 위협' '내가 편안하지 않은 것은 모두 폭력'이라는 양극화된 인식이 작용한다.

미국 대학에서는 자신에게 '불편한' 강의를 할 연사의 초청이 예정된 경우, 초청 취소를 요구하는 대학생이 늘어났다고 한다. 강의가 취소되지 않고 결국 열리면, 연사의 발언이 들리지 않도록 소음을 일으켜 방해하거나, 강의실에 있다가 모두 퇴장하는 식으로 항의를 한다.

또 미국 학교에는 '안전공간safe space'도 등장했다. 안전공간은 논쟁의 여지가 있는 강연, 토론 주제로 인해 '감정 격발'을 느낄 수 있는 학생들이 '트라우마'를 입지 않도록, 마음의 평정을 되찾게 도와주는 공간이다. 공간 안에는 컬러링 북, 차분한 음악, 베개나 담요가 있고 트라우마 대처 전문 훈련을 받은 학생과 교직원이 배치되어 있다. 지성인들의 토론의 장이어야 할 대학에 이런 공간이 있다니 놀랍다.

대학 밖에서는 부모들이 아이들을 '감정적으로 안전한 상태'에 머무르게 해달라고 교사에게 요구한다. 아이를 과잉보호하고, 아이가 놀 만한 친구들을 계층으로 나누기도 한다. 부모의 지나친 안전주의에 대해 저자들은 좀 더 아이들을 단단하게 가르칠 교육이 필요하다고 피력한다.

사람들을 나를 위협하는 사람과 아닌 사람으로 나누고 무조건 안전해야 할 것을 요구하는 사람들이 있는 곳에서 '가해자 지목 문화'가 피어난다. 가해자 지목 문화란 사소한 잘못을 찾아내어 공개적으로 그 가해자를 지목하는 것이다. 어린이집에서 다른 아이를 깨물고 때리는 아이에게 '가해자'라고 지칭하며 퇴소를 종용하는 부모들의 모습과도 연결된다.

초등학교 4학년생 학부모인 이우일 씨는 아이가 학급에서 소외되고 있음을 알게 되었다. 캠핑장에서 아이가 '다른 친구들은 잘 지내는데 자기만 친한 친구가 없다'고 토로했다. 고민 끝에 담임교사와 상담을 해보니 담임교사는 아이가 소외되고 있는 사실을 전혀 인식하지 못하고 있었다.

"선생님께 서운하거나 그런 건 없었어요. 선생님이 아이들의 속사정을 다 아시는 것도 아니고, 실제로 알 수도 없다고 생각하고요. 같이 있을 땐 무난히 묻어가고, 특별히 관심을 끌지 않는 제 아이의 성향도 있으니까 선생님이 보시기에는 별문제가 없다고 느끼셨을 수도 있죠. 저도 집에서 아이와 이야기를 더 많이 나누고 선생님도 아이가 친구들과 상호작용을 좀 더 할 수 있도록 도움을 주시기로 했어요. 그래도 결국엔 아이가 스스로 뭔가를 해야죠." **초등학교 4학년생 학부모 이우일**

이우일 씨는 아이가 스스로 노력해야 하고, 모든 사람이 본인의 아이를 중심으로 생각해줄 수 없다는 사실을 인정하고 있었다. 교사의 한계를 이해하며 지금이라도 아이의 욕구를 발견하고 도움을 줄 수 있다는 사실을 고맙게 여겼다. 이우일 씨와 자녀가 슬기롭게 대처하여 각기 나름대로 극복을 하면, 분명 두 사람은 더 성장할 수 있을 것이다. 곧 가정의 성장이다.

위기를 맞아 좌절하더라도 다시 일어서서 성장하는 정신은 우리가 아이들이 가지길 원하는 바이자 교육으로 키워주고 싶은 부분이다. 이처럼 상처를 회복할 수 있는 탄력적인 마인드인 회복탄

력성과 성장이 포함된 개념이 바로 리질리언스resilience다. 리질리언스가 있는 사람은 인지적, 정서적으로 자기조절을 잘할 수 있고 소득의 양극화와 같은 사회경제적 지위를 초월하는 힘을 낼 수 있으며, 성장하는 행복을 느낄 수 있다 [21]고 한다.

교권침해 사례를 보면, 근본적으로 학부모가 학생에게 성장하는 인간으로서 리질리언스를 키울 기회조차 주려고 하지 않는다는 공통점이 있다. "왜 내 아이에게 이렇게 했느냐/하지 않았느냐" "선생님의 행동으로 내 아이에게 트라우마가 생겼다" "당신 자녀의 행동으로 내 아이가 이런 상처를 입었으니 보상하라" "우리 아이에게 정신적, 신체적으로 위협이 될 그 아이를 떨어뜨려 놓아달라" 등 모두 아이의 내면 상태나 의사와 관계없이 아이 외부에 있는 부모가 강제로 조절하려고 한다. 어쩌면 이런 요구를 하는 부모 자신에게 리질리언스가 부족해서 아이에게도 자신의 마음을 투사하는 것인지도 모른다.

지금 공교육은 구성원인 학생, 학부모, 교사에게도 리질리언스가 필요하고 공교육 자체도 리질리언스를 갖추어야 하는 상황이다. 공교육은 이미 죽었다고 믿는 사람도 있다. 그러나 그 안에 살아 있는 사람들의 정신은 죽지 않았다. 그들의 정신에 리질리언스가 있다면 다시 일어서서 성장할 수 있다.

"교육의 목적은 사람들을 편안하게 해주는 데 있지 않다. 교육이란 모름지기 사람들을 생각하게 만드는 데 뜻을 두어야 한다." 전 시카고대학교 총장 해나 홀본 그레이가 한 말 [22]이다. 아이는 무조건 편안하기 위해 학교에 오는 것이 아니다. 그렇다면 혼자 지내는 게 낫지, 굳이 다른 사람을 만나는 일이 필요하지 않을 것이다. 교육은 인간과 인간 사이의 만남이다.

교육이 있는 곳에는 어느 정도의 불편함이 있어야 한다. 학습에서든 놀이에서든 가치관에 관한 논쟁이나 대화에서든 상관없이 말이다. 교사는 그 불편함을 교사로서 인내하고 더 발전적으로 승화해야 할 교육의 시작점으로 받아들이고 아이가 불편함 속에서 고민하고 생각하게 만드는 데 뜻을 두어야 한다. 그것이 사명이자 숙명이다.

학부모와 학생의 시작점은 가정에 있다. 가정에서부터 리질리언스를 키우고 가정 밖에서 리질리언스를 발휘할 수 있기를 기대한다.

교육선택권을 돌려주세요

우리나라에는 대안학교가 꽤 많은 편이다. 학교급, 종교 또는 특별한 철학 등 분류 기준도 다양하고 개수도 많다. 공립학교는 국가 교육과정을 기초로 하여 공통적인 교육과정을 다루며 인력 채용이나 기관 운영이 모두 국가의 교육재정으로 이루어진다. 반면 대안학교는 독자적인 커리큘럼을 가지며 교사 채용이나 기관 운영 대부분이 학습자 부담으로 이루어진다.

홈스쿨링을 하는 가정도 있다. 홈스쿨링은 학교에 가는 대신 부모가 집에서 직접 교육과정을 자체적으로 교육하는 방식이다.

〈대한민국헌법〉 제31조에는 "모든 국민은 그 보호하는 자녀에게 적어도 초등교육과 법률이 정하는 교육을 받게 할 의무를 진다"라고 명시되어 있고, 〈교육기본법〉 제8조에는 "의무교육은 6년의 초등교육과 3년의 중등교육으로 한다"라고 규정되어 있다.

홈스쿨링을 하면 의무교육 시스템을 벗어나는 것이기 때문에 정부 정책상 학교에서 정원 외로 관리한다. 검정고시를 합격하여 졸업장을 받은 것과 같은 효력이 있을 때까지 출석권유서를 보내고, 정기적으로 학교에서 연락하며 가정방문도 실시한다.

공교육이 꼭 아니어도 된다고 말하는 사람들은 학교의 존재 이유가 무엇인지를 묻는다. 공교육 밖의 교육을 선택하는 과정에서 '학교가 왜 필요한지, 꼭 가야 하는지' 묻는 사람들이기 때문이다.

공립학교를 다녔다면 고등학교 1학년생이었을 장민설 학생은 현재 홈스쿨링을 하고 있다.

> "홈스쿨링을 해보니, 학생들의 상위 5%, 하위 5%는 홈스쿨링이 반드시 필요하다는 생각을 하게 되었어요. 이 학생들은 특히 일반 학교를 다니면 손해예요. 학교에서는 개별화 교육은 잘 안 되잖아요. 그런 면에서 의무교육은 시간 낭비가 심하다고 생각해요. 잘 알아듣지 못하는 수업을 듣는 시늉을 하며 몇 시간 동안 시간표에 맞춰 앉아 있어야 하니까요. 학교에 가지 않아서 걱정되는 건 인성교육인데, 그렇다고 학교에 나간다고 다 인성이 좋아지는 것도 아닌 것 같아요. 결국은 가정이 기본이니까요. 어느 대학에 입학했다, 졸업했다가 중요한 게 아니라 너 자신을 위해 실력을 키우는 게 중요하다고 말해줍니다." 장민설 학생 아버지 장현수

'인성이든 사회성이든 교과지식이든 사고력이든 가정에서 아이에게 맞는 역할을 제대로 해주는 것이 중요하다'는 장민설 학생 아버지의 말은, 학교에 아이를 보내는 부모가 학교에 무엇을 기대하

고 있는가를 생각하게 한다.

"아이 입장에서는 공부하다가 질문할 사람이 필요한데 그걸 제대로 답변해줄 수 없다는 점이 힘들어요. 그래서 수학 학원만 보내고 있어요. 아이는 잠을 매일 9시간씩 자요. 요즘 고등학생들은 이렇게 길게 못 자죠. 충분히 자는 게 모든 일의 근본이에요. 아이가 충분히 자니까 본인도 큰 스트레스가 없어요. 홈스쿨링을 하는 부모가 힘든 점은 아이들의 98%가 하고 있는 것을 따라가지 않을 때 확신이 필요하다는 거예요. 자식에 대한 믿음도 있어야 해요. 아이가 스스로 할 수 있다는 믿음 말이죠. 안 가본 길이 궁금해지고 자기가 잘하고 있는지 늘 의문이 들게 마련이죠. 부모도, 아이도 쉽진 않아요. 하지만 극복해야 하고, 저희는 지금 만족해요."

대안학교에 다니는 학생들도 '공립학교는 어떨까' 하는 생각을 자주 한다고 한다. 실제로 가보지 않은 길에 대한 미련과 호기심이 아이들에게도 있는 것이다. 그리고 대안학교를 경험해본 뒤 새로운 확신을 가지고 공립학교로 돌아오는 학생들도 있다. 하지만 대안학교란 소수의 선택이니만큼 깊이 고민한 후 결정하여 더 확고히 밀고 나가는 경우도 많다.

대안학교에 다닌다고 하면 어떤 문제가 있어서 일반학교를 다니지 못하는 상황으로 보는 선입견이 우리 사회에는 아직 남아 있다.

"저희 아이는 공립학교에서도 잘 지내고 적응도 잘했어요. 학급 임원도 했고요. 그런데 아이가 수업 중에 질문이 많고 계속 탐구하는 스타일이니 이런 대안학교의 방식이 아이에게 잘 맞을 수 있겠다고 담임선생님이 자유발도르프학교를 소개해주셨어요. 저희도 아이의 스타일에 맞는 학교를 찾아보다가 그 학교가 실제로 평도 좋고 아이에게 잘 맞는 것 같아서 편입 신청을 했어요." **서울자유발도르프학교 2, 9학년생 학부모 지혜진**

공립학교에서는 배워야 할 교육과정이 문서화되어 있고 교과서가 정해져 있어 1년간 배워야 할 내용이 빼곡히 짜여 있다. 그러다 보니 교사가 아이들의 질문에 따라 자유롭게 배움을 확장하기가 쉽지 않다.

자유발도르프학교에서는 정해진 교과서가 따로 없고 교사가 가르치는 내용을 아이가 스스로 노트에 정리한다. 학부모는 종이를 엮어 아이가 사용할 노트를 직접 수공예로 만들어준다. 아이마다 노트가 다르다는 것은 부모의 도움을 받아 스스로 만든 배움의 결과가 다르다는 뜻이다. 또 한 가지 과목을 매일 100~120분 정도 시간을 들여 3~5주에 걸쳐 집중적으로 공부하는 에포크수업을 한다. 이때 아이들은 책 한 권을 깊이 읽거나 어떤 교과나 주제(수학, 역사, 과학, 원예, 지리, 국어 등) 한 가지를 깊이 있게 탐구한다.

오스트리아의 철학자 이반 일리치는 학교의 존재 이유를 물은 대표적인 교육자다. 《학교 없는 사회》에서 이반 일리치는 학교란 존재 자체가 많은 제약을 낳고 교육의 본질을 왜곡한다고 비판했다. 오히려 배움, 진정한 공부는 학교가 없는 상태에서 가능하며,

필요한 것은 공중이 쉽게 이용할 수 있고 공부와 수업에 동등한 기회를 확대하기 위해 고안된 새로운 네트워크라고 주장했다.

훌륭한 교육제도는 공부하기를 원하는 모두가 나이에 관계없이 필요한 자원에 접근할 수 있게 해야 하며, 자신이 아는 것을 나누고 싶어 하는 사람이 그에게서 배우고 싶어 하는 사람을 찾을 수 있게 해야 한다는 말은 지금 사회에서 교육이 나아가야 할 방향을 제시해준다.

이반 일리치의 주장에 힘입어 공립학교의 교사로서, 그리고 고민 끝에 아이를 공립학교에 보낸 부모로서 오랜 시간 꿈꿔온 바람이 있어 몇 가지 적어본다.

첫째, 자신이 교육받고 싶은 장소와 방식을 선택해도 진로 선택과 대학 진학에 불이익이 없도록 교육제도가 더 넓고 다양한 교육방식을 포함하기를 바란다.

둘째, 가르치고 싶어 하는 사람들이 자신의 교육철학을 세우고 공고히 하며 실천할 수 있도록 각종 기관의 교사에 대한 복지와 대우가 제대로 갖춰지기를 바란다.

셋째, 공교육 안팎의 교사들이 서로에게서 배울 수 있도록 공립학교 교사와 대안학교 교사의 교류가 활발해지고 관련 연수가 이루어지며 공통의 관심사를 연구할 수 있는 환경이 되기를 바란다.

넷째, 지금 공교육의 형태는 정답이 아니며 앞으로 끊임없이 변모해야 하기에 학부모와 교육 당사자 역시 마음을 열고 더 넓은 세계를 바라보며 선입견이 없도록 인식이 개선되기를 바란다.

의무교육은 말그대로 의무적으로 교육을 해야 한다는 뜻이다.

국민이라면, 부모라면 마땅히 미래의 국민을 가르치라는 의미다. 그러나 의무라는 이름으로 개인이 시간과 가능성을 희생하도록 강요해서는 안 된다. 형식이나 방법이 조금 다르더라도 교육의 의무를 다하는 부모가 있다면 기회와 과정에서 차별이 없어야 한다. 누구나 배워야 한다는 의무가 더 다양하고 포용적인 배움으로 실현될 수 있는 사회가 되길 바란다.

학교는 이런 곳이어야 합니다

발도르프교육은 독일의 루돌프 슈타이너 박사가 자신이 창시한 인지학anthroposophy 에 기반해 발전시킨 교육이다. 오늘날 전 세계 70여 개국에 1,092개의 발도르프학 교가 있다. 발도르프교육은 아이들이 지닌 고유한 개인성individuality의 자유로운 발전을 추구한다. 다른 교육학과 발도르프교육학의 차이점은 아이를 미리 확정된 교육목표로 유도하는 것이 아니라, 아이 안의 잠재력을 깨우는 교육이라는 점이다. 스스로 삶의 목적과 방향을 설정하는 자유로운 인간으로 성장하는 것이 발도르프 교육의 목표이자 서울자유발도르프학교의 철학이다.

"교사가 먼저 깨어나야 한다. 그리고 다음에 그 교사가 아이들과 어린 인간들을 깨워야만 한다."(슈타이너전집, 217권, 36쪽)[23]

인터뷰이 정보

최민석 9학년(중학교 3학년생). 공립초등학교를 다니다가 5학년 때 서울자유 발도르프학교에 편입.

박준서 11학년(고등학교 2학년생). 부모님의 권유로 1학년부터 서울자유발도 르프학교에 입학.

김우진 11학년(고등학교 2학년생). 혁신학교였던 공립초등학교에서 발도르프 교육을 접함. 중학교 입학을 앞두고 발도르프학교로 전학 가고 싶다 고 부모님께 말씀드렸고, 부모님이 결정을 존중해주셔서 6학년 중반 에 편입.

• 인터뷰에서 공립학교와 사립학교를 포괄하는 용어로 '일반학교'를 사용한다.

Q 자유발도르프학교를 선택한 이유는 무엇인가요?

민석 주변 분들의 추천으로 5학년 때 편입했어요. 발도르프랑 일반초등학교는 수업방식에서 가장 많이 차이가 나요. 일반학교가 교과서 위주라면 발도르프에서는 선생님이 알려주시는 내용을 각자 필기해서 노트로 만들어서 그걸 자기만의 교재처럼 봐요. 그리고 일반학교를 좀 다니다 와서 더 좋은 것 같아요. 1학년부터 발도르프학교에 다닌 아이들은 공교육이 어떤지 궁금해서 학교를 떠나기도 하거든요.

우진 일반초등학교를 다니다 6학년 중반 때 편입했어요. 혁신학교였는데 발도르프교육이 섞인 공교육을 받았어요. 특히 5학년 때 발도르프교육을 잘 알고 실천하시는 선생님을 만났어요. 6학년 중반부터 중학교 입학을 생각하면서 아이들이 바쁘게 지내는 걸 보니 이렇게 경쟁을 하면서까지 학교를 다녀야 하나 싶고, 그렇게 살고 싶지 않다는 생각이 들었어요. 발도르프교육에 대한 좋은 기억과 경험이 있었다는 것도 큰 영향이 있었던 거 같아요. 발도르프학교를 선택했을 때 부모님이 제 결정을 존중해주셨어요.

준서 저는 1학년 때부터 부모님의 권유로 입학했어요. 선택권이 없었죠. 유치원을 졸업하고 겨울방학 때 컴퓨터를 하고 있었는데 부모님이 "3월부터는 컴퓨터 못 할 거야"라고 하셔서 무슨 말씀인가 싶었어요. 입학 면접을 보러 가면서도 반신반의했어요. 면접은 딱딱하게 진행되지 않고 땅바닥에 분필로 원과 곡선 그리기를 했어요. 다음에 뭘 그리고 싶으냐고 하셔서 제 마음대로 그렸던 기억이 나요. 입학이 확정되고 나서도 별생각이 없었어요. 노는 게 제일 좋았어요. 막상 들어가서 생활해보니까 1학년부터 4학년까지는 진짜 할 게 없어서 놀기만 해요. 에포크수업을 하고 점심 먹기 전에 학교가 끝나거든요. 벽돌 가지고 놀고, 땅 파면서 놀고, 모래놀이터에서 놀고, 곤충이랑 놀고요.

Q 일반학교 학생들과 비교했을 때 교육환경이나 학생들의 상황에서 가장 다른 점이 무엇인가요?

민석 발도르프학교에서는 소수의 아이들(20명 이내)과 12년간 졸업까지 한 반으로 계속 가는 게 부담스러울 때도 있어요. 그래도 가장 편하게 말할 수 있는 친구가 반 친구들이에요. 반 분위기에 맞춰서 아이들도 변하고요.

준서 일반학교 이야기를 들어보면 학교폭력 같은 사건이 학생들 사이에서 일어나는데 우리 학교에서는 상상할 수도 없는 일이에요. 우리 학교는 학년에 상관없이 다 친해요. 서로 끈끈하게 연결되어 있거든요. 부모님들끼리도 친하고요. 학교 행사가 많아서 다른 학년과 연계해서 하는 것도 많고, 부모님들은 학교 청소를 돌아가면서 하시고 바자회 준비하면서도 친해지시니까 그럴 수밖에 없어요. 미디어에 대해서는 매우 보수적이라 강력하게 금지해요. 미디어의 부정적인 영향을 피하려고 하는 건 이해가 되지만 절대 안 된다고 금지하니까 '왜 안 된다고 하지?' 생각이 들고 보고 싶은 욕구가 더 생겨요. 그런 면에서는 자율성을 주는 게 나은 것 같아요.

민석 우리 학교에 독일 발도르프학교에서 온 교환학생이 있거든요. 그런데 그 친구의 말로는 그 학교에서는 미디어가 자유래요. 오히려 우리 학교가 미디어를 심하게 제한하는 것 같다고 하더라고요. 대학은 보통 유학을 생각하는 경우가 많은데 우리 학교의 학생들도 4분의 3, 3분의 2 정도는 대학 진학을 원하는 것 같아요.

Q 대학 진학 준비는 어떻게 하나요? 교육과정 자체가 일반고등학교와는 다른데 어떤 내용을 공부하는지 알려주세요.

우진 선생님에게 허락받는 선에서 사교육을 어느 정도 받을 수 있어요. 따로 공부하고 싶은 학생들은 방과 후나 개인 시간을 내서 EBS, 인터넷 강의를 듣긴 하는데 그냥 학교 숙제만 하는 친구도 있고, 둘 다 하는 친구도 있어요. 상급반(9~12학년 과정)이 되며 일반학교로 나간 친구도 많지만 우리 학교에서도 수능을 준비하는 친구들은 열심히 해요. 학교 숙제는 에포크수업에 따라서 국어 같은 경우 책을 읽고 정리하고 토론을 준비하고요, 수학 공부는 일반학교와 비슷한 것 같아요. 공교육 수학 교육 체계는 잘 모르고, 선생님 역량에 맡겨요.

준서 일반학교랑 다른 점은 공부도 자율적으로 한다는 점이에요. 그 점이 특히 좋아요. 문학을 배울 때도 창작하면서 하는 시간도 있고, 에포크수업마다 책 한 권을 깊이 있게 다뤄요. 10학년 때는 《데미안》, 11학년 때는 《파르치팔의 모험》을 읽었어요.

Q 일반학교에 대한 이미지나 경험이 있으면 말해주세요.

민석 미디어를 이용하는 면에서는 우리보다 자유로운데 공부 압박이 심한 것 같아요.

우진 목적이 너무 명확해서 학생들이 자유롭지 못한 것 같아요. 입시를 제대로 준비할 수 있다는 안정감은 있을 것 같아요.

준서 사람마다 목표와 개성이 다 다른데 입시라는 기준이 딱 정해져 있어서 (성적이) 그 아래 수준이면 개성을 인정받지 못한다는 게 안타까워요.

Q 일반학교 교사 사망 사건과 학부모의 악성 민원 사건이 계속 이슈가 되었는데 학생의 입장에서 어떤 생각이 드나요?

민석 솔직히 충격이었어요. 미디어를 접할 수 없어서 좀 늦게 안 편이거든요. 알고 나서는 화가 나고 집에 와서 계속 인터넷에서 찾아보게 됐어요. 슬프기도 하고 미안하기도 했어요. 학생의 입장에서는 자기 반 선생님이 그랬다고 하면 더 슬플 것 같아요. 가장 가까이에서 자기와 함께 지낸 선생님이 그렇게 떠나셨으니 얼마나 마음이 아프겠어요.

우진 사교육에 집중이 많이 되다 보니까 공교육에서는 학교가 시간을 때우는 의무적인 공간으로 전락해서 학교라는 공간의 의미가 퇴색하고 있는 것 같아요. 학교가 더는 배우는 공간이 아니고, 배움은 학교 밖에서 일어나고, 학교 선생님은 가르치는 일보다는 보호자로 인식되는 현실이 외부에 드러난 게 아닌가 싶어요.

준서 학부모 때문에 스트레스를 받고 선생님이 자살을 했다는 게 말도 안 된다고 생각했어요. 아무리 아이를 위한 거라고 해도 윤리적으로 맞지 않는다고 생각했고요. 부모는 아이가 좋은 대학을 가길 바라는데 과연 그게 아이들이 원하는 걸까, 아니면 부모가 아이를 키우고 싶은 대로 이끄는 걸까 의문이 들죠. 부모가 자기가 원하는 삶을 자식이 살도록 요구하는 것 같아요.

Q 학교 안에서 학생의 인권과 교사의 인권은 어떤가요? 일반학교와 서울자유발도르프학교 안의 인권에 대해 생각하는 점을 자유롭게 말해주세요.

우진 이 질문을 보고 '우리가 학생으로서 인권을 침해받은 적이 있었나?' 하는 생각이 들었을 정도로 인권 침해를 받은 적이 없다는 걸 깨달았어요. 우리가 인권에 대해 의문이 들었다면 침해받았기 때문일 텐데 그런 적이 없는 것 같아요. 학교가 가족 같은 분위기거든요. 선생님들은 12년을 같은 공간에서 보내면서 학생의 인권을 늘 존중해주세요. 선생님의 인권을 우리가 지킨다기보다는 선생님들이 먼저 우리를 존중해주시고, 학생들도 그럴 수 있게 분위기를 만들어주세요. 넘지 말아야 할 선이 있잖아요. 선생님과 학생 사이에 그런 게 있다는 걸 선생님들이 충분히 알려주세요. 그 선을 넘었을 때는 생활지도위원회가 열리기도 하는데, 그런 장치로 선생님들과 학생들의 지켜야 할 선이 유지되는 것 같아요.

민석 누가 학교를 떠나도 가족 같은 분위기가 계속 남아 있어요. 누가 졸업하거나 선생님이 떠나시면 모두 슬퍼하고. 따로 연락도 해요. 어쩔 때는 선생님과 학생이 함께 밥도 먹고요. 공교육에서는 학생들보다 선생님의 지위가 더 밑에 있는 것 같아요. 교권보호위원회를 열어달라고 했을 때 선생님이 무시도 당하고 그러잖아요. 그런데 학교폭력위원회를 열어달라고 하면 바로 열리고요. 공교육에서는 교사의 권위가 많이 낮아졌고, 학부모는 학생의 일에 많이 개입하는 것 같아요. 학생의 입장이 부모에게 지나치게 이입되고 그러다 보니 부모 대 교사의 구도가 만들어지는 것 같아요.

준서 일반학교의 사례를 보았을 때 우리 학교에서는 이런 사례가 있었는지 생각해봤는데 딱히 없더라고요. 선생님과 학생들의 관계도 위아래로 급이 나뉘는 게 아니라 동등한 관계에 있다고 느껴요.

Q 교사와 학생이 동등한 관계를 유지하면서 교사가 권위를 어떻게 가질 수 있나요?

준서 선생님이 학생과 마찬가지로 스스로 공부하시고 그것을 학생들에게 어떻게 잘 전달할 수 있을지 많이 공부하고 고민하세요. 에포크수업이라는 게 한 가지에 대해서 매일 100분씩 2~3주를 배워야 하는 거잖아요. 그건 학생에게도 부담이지만 그걸 가르치는 선생님에게도 부담일 거예요. 그런 부담이 있어도 선생님이 수업을 시작하기 훨씬 전부터 공부를 오래 열심히 하시는 걸 알고 있어요. 선생님이 학생들을 가르치는 데 집중함으로써 자신의 지위를 지키는 모습을 보여주시는 것 같아요. 선생님이 열정적이신 거죠. 그러다 보니까 선생님도, 학생도 함께 같은 것을 배웠다는 공감대를 가지게 돼요.

민석 저는 학부모 역할이 가장 중요한 것 같아요. 부모님이 교사와 학생 사이의 일에 절대 개입해서는 안 된다고 생각해요. 그래야 교사와 학생 사이에 믿음이 더 깊어질 수 있어요. 중간에 학부모가 개입하니까 선생님과 학생 사이에 믿음이 자꾸 끊기는 거예요. 학부모는 교사의 권위를 인정하고 학생을 믿고 거리를 두고 지켜보기만 해야 한다고 생각해요.

Q 서울자유발도르프학교에서는 그런 게 잘 지켜진다고 느끼는 것 같네요. 그러면 학생들에게 학교의 역할은 어떠해야 한다고 생각하나요?

준서 학교는 배움의 공간이 되어야 해요. 학생의 입장에서 바라보면 학교는 사회에 나가기 전에 사회를 공부하고 체험하는 곳이에요. 특히 그런 면에서 우리 학교는 준비를 잘할 수 있는 곳인 것 같아요. 실습을 매년 나가거든요. 9학년 때는 2주 동안 농장을 체험하고 일을 해봤어요. 규칙적인 생활을 하면서 농부 생활을 체험했고요. 10학년 때는 한 장소를 정해서 그 숙소 주변을 측량해요. 지도도 만들고요. 11학년 때는 생태실습을 했어요. 2주 동안 한곳에 머물며 근처를 산책하며 지냈고요. 직업 실습도 있어요. 선생님들이 직업 리스트를 보여주시면서 뭐 하고 싶은지를 물어보시면 학급 회의에서 결정해서 직업체험을 해요. 저희(준서, 우진)는 제주도 카페에서 좀 더 사회에 밀접한 경험을 한 것 같아요. 지금 준비 중인 12학년에 하는 마지막 사회 실습은 직업 체험보다 더 깊게 들어가요. 사회의 약자인 분들을 도와드리는 일이 포함돼요. 장애인, 환자, 어린이를 돕는 경험을 하는 거죠. 매년 학교에서 가는 곳이 있기는 하지만 학생이 실습할 곳을 찾아서 메일을 보내거나 연결할 수 있게 도와줘요. 이번 체험의 목표는 선입견을 없애는 일이에요. 2주 동안 같이 생활하고 돌보다 보면 선입견이 줄어든다고 선배들에게 들었어요. 상급(9~12학년) 학년이 되면 담임체제가 지도교사체제로 바뀌어요. 반을 맡는 선생님이 지정되지만, 선생님이 반 전체를 돌보기보다는 학생 주도로 할 수 있게 뒷받침하는 역할을 해주세요. 과목 선생님들 중에서 지도교사를 해주시는데 12학년까지 같이 가요. 9학년은 도움을 많이 주시는데 갈수록 개입을 줄이세요.

우진 학교에서는 배움이 있어야 해요. 그런데 공교육에서는 배움이 충분히 이루어지지 않는 것 같아요. 일반학교는 학교 밖에서 배운 게 다른 사람보다 얼마나 우수한지를 시험하는 장소인 것 같아요. 학교에서 보내는 시간은 사회생활을 체험하고 친구들과 함께 배우는 시간이어야 해요. 미성년자가 사회에 나가기 전에 실수를 할 수도 있고, 그런 일이 생겨도 보호받을 수 있어야 하는데 일반학교에서는 그게 잘 안 되는 것 같아요.

준서 안 좋은 것도 해보고 싸움도 해보고 하면서 배우는 게 있는 것 같아요. 그런데 일반학교에서는 한 번만 잘못해도 학교폭력이 터지고 상황이 극단적으로 흐르는 것 같아요. 안 좋은 건 아예 하지 말라고 차단하고요. 나쁜 걸 직접 아는 경험도 필요한 것 같아요.

민석 공교육에서는 학교의 존재가 사라졌다고 느껴요. 학원이 우선시되고요. 이 문제가 개선되려면 학원의 영향을 크게 줄여야 한다고 생각해요. 학원이 학교의 일상까지 관여하니 문제가 더 커진 것 같아요. 원래 학원은 학교에서 배우고 나서 부족한 부분을 채워주는 역할을 해야 하는데 선행학습이 너무 심해지니까 이제는 학원에서 미리 공부하고 학교는 복습하는 곳이 된 것 같아요.

Q 학생의 관점에서 좋은 교사는 어떠해야 한다고 생각하나요?

준서 자신이 가르치고자 하는 과목에 애정이나 열정이 있어야 하는 거 같아요. 선생님도 공부를 하고 학생들에게 알려줘야 하니까요. 선생님도 그런 배움의 의지가 있으려면 열정이 있어야 해요. 그런 게 모여서 전문성이 된다고 생각해요.

우진 학생에게 애착이 있어야 한다고 생각해요. 우리 학교는 긴 시간을 같이 보내니까 더욱 그렇고요.

민석 학생들과의 관계가 좋아야 좋은 교사가 될 수 있다고 생각해요. 저는 1년마다 담임선생님이 바뀔 필요가 없다고 생각해요. 공교육은 순환제니까 어쩔 수 없겠다는 생각이 들긴 하지만요. 학생들이 먼저 선생님에게 다가가서 장난도 걸고 편하게 말할 수 있고, 선생님도 학교 가는 게 즐거운 학교가 됐으면 좋겠어요.

우진 좋은 선생님은 아무리 편해도 만만해 보이지 않아요. 말장난이나 가벼운 장난을 학생과 주고받을 수 있고, 그러면서도 학과 과목에 전문성을 갖추고 존경을 받는 진정한 사회인, 진짜 어른이라는 것이 그런 선생님에게서 느껴져요. 하나에 정통하다는 것이 느껴지는 거죠. 선생님이 학생의 질문을 받고 그 답을 잘 모를 경우에도 솔직하게 '잘 모른다'고 말씀하시고 다음 날 확인해서 알려주시는 게 정말 멋있어요.

Q 학생의 관점에서 좋은 학부모는 어떠해야 한다고 생각하나요?

준서 어렵겠지만 학생이 하고 싶은 걸 지원해주는 부모가 좋은 학부모인 것 같아요. 학생이 무언가를 하고 싶다고 하면 왜 하고 싶은지 들어보고 필요한 조언을 해주거나 생각을 나누는, 아이를 존중하는 부모가 좋은 학부모 같아요.

민석 학생의 의지대로 크게 도와주는 학부모요.

우진 학생의 의지대로 해주기는 하지만 어느 정도 선은 지킬 수 있게 해주는 학부모요. 어른으로서 아이를 보호하는 역할을 해야 한다고 생각해요.

Q 여러분의 부모님들은 그런 부모님이라고 생각하나요?

준서, 우진 네, 저를 존중하며 응원해주세요.

민석 하고 싶은 게 있다고 하면 찾아주시고, 저도 부모님께 그런 영향을 받아서 열심히 찾아보고 준비하게 되는 것 같아요.

Q 우리나라 교육에 대해 더 하고 싶은 이야기가 있으면 자유롭게 나눠주세요.

준서 공교육 시스템이 이게 맞나 싶을 정도로 상황이 좋지 않은 것 같아요. 성적으로 반과 등급을 나누고, 목표는 오로지 대학이고, 결과가 나쁘면 무시를 당하고. 사람마다 잘하는 것과 좋아하는 것이 다른데 성적이 나쁘다고 패배자로 취급하니 학생들이 슬픈 것 같아요. 진짜 하고 싶은 걸 할 수 있을까 싶어요. 대학을 나오지 않으면 사람을 무시하는 사회 분위기도 있고요. 그런 결과를 노력의 산물이라고 볼 수도 있지만 그 판단은 개인마다 다르다고 생각해요. 노력의 산물이 대학만 될 수 있는 건 아니니까요.

우진 우리나라 교육은 다양성을 무시하는 것 같아요. 구시대적 발상이 계속 이어지고 있어요. 다양성을 이상하고 다른 것으로 받아들이는 거죠. 결이 조금이라도 다르면 척을 지고 존중하지 않는 것 같아요. 특히 정부에서 교육의 다양성을 인정하지 않는 게 문제가 커요. 모두가 같은 교과서를 쓴다는 건 혼란을 일으키지 않으려는 의도겠지만 앞으로는 그런 것도 다양성을 고려하여 다시 검토할 필요가 있다는 생각이 들어요.

민석　공교육에서는 초중고는 반드시 가야 하고 대학도 가야 한다는 생각이 강한 것 같아요. 인간이 교육을 통해 갈 수 있는 길에 꼭 대학까지 포함된다고 생각하지 않았으면 좋겠어요.

Q 대안교육을 받는 친구들과 교육에 관해 나눈 이 이야기가 독자들에게도 의미가 있었을 것 같아요. 인터뷰를 마무리하며 서울자유발도르프학교 학생으로서 하고 싶은 말을 한마디씩 해주세요.

민석　다시 태어나고 5학년이 되어 이 결정을 한다면 우리 학교를 또 선택할 것 같아요. 학교 친구들 사이가 정말 좋아요. 서너 살 정도 차이가 나는 사람들도 학교 안에서 친하고요. 상급 학년은 더 관계가 잘 형성되어 있어요. 관계가 정말 좋아서 관계의 힘을 많이 느껴요. 이런 교육이 다른 학교에서도 이루어지면 좋겠어요.

우진　하고 싶은 것을 자유롭게 할 수 있고 다양성이 존중되는 교육이 되었으면 좋겠어요. 제가 생각하기에는 대한민국이 나가야 하는 방향이 우리 학교에서 이미 펼쳐지고 있는 것 같아요.

준서　우리 학교가 진정으로 각자가 좋아하는 것을 찾게 해주는 학교인 것 같아요. 다시 태어나도 이 학교에 다닐 거예요. 너무 좋은 점만 말하는 것 같지만 사실이 그래요. 12년 동안 같은 친구들과 지내면서 맞춰가는 게 힘든 면도 있지만 정말 좋은 학교예요.

Q 발도르프교육에 원하는 건 없나요?

민석　미디어로 억압하지 않았으면 해요. (웃음).

준서　조율점을 찾았으면 좋겠어요.

우진　미디어 맛만 안 보면 괜찮은데……. (웃음). 미디어 제약은 어느 정도 필요한 것 같아요.

다시 일어서는 교실

"검토되지 않은 삶은 살 가치가 없다." **소크라테스**

소크라테스는 스스로 질문하고 반성하지 않는 삶은 의미가 없다고 말한다. 나는 지금도 묻는다. 교사로서의 삶은 나에게 어떤 의미가 있는가? 지금의 교육 현장은 내 삶을 바칠 가치가 있는 곳인가?

그렇다. 그래서 나는 아직 공교육 현장에 남아 있다. 교권이 탄탄했던 시절에서 가장 처참하게 내려앉은 시절로 넘어오는 10여 년을 그대로 목도하고 경험했다. 내가 초임 시절에 겪었던 학교와 오늘날의 학교는 변화를 체감할 정도로 다르다.

더더욱 끊임없이 질문했다. 어쩌다 교사가 가르치다 죽는 시절이 되었는가. 어쩌다 학부모가 괴물 취급을 받는 존재가 되었는가. 양쪽 모두에 공감하는 나는 더는 누구도 희생되지 않도록 하려면 무엇을 해야 하는가.

이 책을 쓰며 그 실마리를 찾을 수 있었다. 교사와 학부모는 다른 곳을 바라보는 존재가 아니었다. 모든 아이가 교육다운 교육을 받을 수 있는 세상을 꿈꾸고, 아이들이 자라서 행복한 미래를 만들어나가길 바란다는 점에서 같은 곳을 바라보고 있었다. 양쪽의 마음이 만나는 지점에서 변화의 가능성이 보였다. 서로가 서로의 목소리에 귀 기울이도록 하는 일이 내가 해야 할 일이었다.

이 책에는 다양한 이해당사자의 목소리가 함께 담겨 있다. 논쟁할 만한 요소가 있고, 읽는 사람에 따라 불편한 부분이 있을 수 있다. 그럼에도 이러한 논쟁이 지금 우리에게 필요하기 때문에 솔직한 내용을 그대로 담았다. 이 책을 읽고 독자가 새로운 질문을 떠올리거나 그동안 들었던 의문에 대한 답의 일부라도 찾는다면 저자로서 더없이 기쁠 것이다.

인터뷰이 110명과 이야기를 나누며 알게 된 사실이 있다. 정말 잔인한 경험은 글로 쓰이지 못한다는 것이다. 살아 있으나 공교육 안에서 받은 상처 때문에 진정으로 살아 있지 못한 사람이 많다. 자세히 쓰기엔 또 다른 상처를 만들 수 있을 만큼 참혹하여 적지 않은 이야기와 편집 과정에서 싣지 못한 수많은 인터뷰, 증언 하나하나가 이 책의 굵직한 주제를 만들며 토양처럼 받치고 있다.

우리는 지금 상처 위에 세워진 공적을 치하하기 전에 그 밑에 짓눌린 상처들을 살피고 보듬어야 한다. 이 책이 상처를 입은 이들의 아픔을 모두 대변하지는 못하지만, 조금이나마 위로와 희망이 되었으면 한다.

"좋은 책으로 많은 이들의 마음을 헤아려주시기를 바랍니다."
한 인터뷰이의 말씀을 마음에 새기며 성심을 다해 썼다. 독자에게
진심이 닿아 책을 만난 분들이 서로의 마음을 헤아리며 우리 교육
이 나아갈 길을 함께 모색할 수 있길 바란다. 그 길은 분명 서로를
살리는 생명의 길이 될 것이다.

혼자서는 만날 수 없는 인터뷰이를 연결해주신 분들, 귀한 자료
와 서적을 아낌없이 건네주신 선배 교사들, 자신이 속한 조직의 사
정이나 개인사를 솔직하게 고백해주신 110명의 인터뷰이가 있었
기에 이 책이 세상에 나올 수 있었다. 모든 분께 감사의 마음을 전
한다.

특히 이 책에서 학생들과 진행한 인터뷰에 가장 애정이 간다.
시험 기간, 수능 직후 등 소중한 시간을 내어 인터뷰에 응해준 초
중고생들, 바쁜 실습 기간에도 동참해준 교대생들, 공교육 정상화
를 위해 귀한 시간을 내준 서울자유발도르프학교 학생들에게 진
심으로 고맙다. 현명한 학생들의 시선이 어른들의 눈을 열어주리
라 기대한다. 학생들의 이야기를 들으며 이 학생들에게 존경받는
교사들께 감사했고, 나 역시 존경받을 만한 교사로 살고 싶다는 의
지를 다시 한번 다지게 되었다.

특별히 아들 순봉이의 1학년 담임선생님께 존경과 감사의 인사
를 드리고 싶다. 학부모가 되자마자 선생님을 만나 우리나라 공교
육에서 새로운 희망을 찾을 수 있었다. 아이들을 진심으로 사랑하
는 교사 한 사람이 얼마나 중요한 존재인지를 다시금 깨달았다.

취재와 집필 작업으로 바쁜 나에게 사랑과 격려로 힘을 북돋아

준 남편과 아들 순봉이에게 고맙다. 늘 든든하게 응원해주시는 양가 부모님과 형제들에게도 감사드린다.

마지막으로, 꽃 같은 삶으로 많은 이의 길을 바꿔주신 서이초 선생님과 우리 교육을 학교 안팎에서 지탱하고 있는 대한민국 교사와 학부모께 이 책을 바친다.

우리의 공교육은 다시, 더욱 굳건히 일어설 수 있다.

2024년 새 학년의 시작을 앞둔 새벽에
송은주

미주

1   서종한,《심리부검: 사람은 왜 자살하는가》, 시간여행, 2018.
2   민형배 의원실, 17개 시·도 교육청에서 제출한 아동학대사례조사 현황 분석, 2023.
3   하성환 〈좋은 세상 연구소〉 교사아카데미 운영위원, "'학교 민주시민교육' 핀란드 사례에 대한 이해", 〈Redian〉, 2023. 11. 23.
4   "[뉴스라이브] 노조 문 두드리는 'MZ교사'··· '교사노조' 급증 배경은?", 〈YTN〉, 2023. 9. 21.
5   교육통계서비스, 교원 및 교직환경 국제비교 연구(TALIS)의 교사직무 스트레스 분석, 2023. 1. 17.
6   한국행정연구원에서 실시한 사회통합실태조사 결과 '신뢰한다'는 응답이 2013년에 65.5%에서 2021년에 55.8%로 9.7% 감소했다. 특히 학부모 연령대인 30대(66.0% → 49.9%)와 40대(71.5% → 55.9%)의 하락 폭이 16%에 가까울 정도로 매우 크다.
7   한국교육개발원 교육여론조사, 2022.
8   김현수,《괴물 부모의 탄생》, 우리학교, 2023. Lifetime 홈페이지(http://www.mylifetime. com.hk/2012/02/21/i-am-not-a-monster-parent/)에서 몬스터 페어런츠 자녀들의 특징에 대해 여러 문헌을 참고하여 정리한 부분을 저자가 발췌하여 이 책에서 소개했다.
9   "늘봄학교 전국 확대까지 1년··· 속도 높이다 '날림 공사' 될라", 〈경향신문〉, 2023. 11. 13.
10 조너선 하이트, 그레그 루키아노프,《나쁜 교육》(왕수민 옮김), 프시케의숲, 2019. 벤저민 긴스버그의 주장이다.
11 "'교권 추락' 속 떠나는 교사들··· 임용 경쟁률 하락·교대 지원 감소", 〈아시아경제〉, 2023. 10. 27.
12 경북 의성 중부국민학교에서 교장으로 재임했던 교육자로 30년에 걸친 연구 결과물로《한국교육사》를 발간했다. 책을 펴낸 곳은 한국교총의 전신인 대한교육연합회(1947년 설립)이며 현재 연세대학교 언더우드기념도서관에서 소장 중이다.
13 박상만,《한국교육사》, 대한교육연합회, 1956. 이하 역사 내용은 이 책을 참고했다.
14 한국민족문화대백과, '교련' 풀이.
15 장원희, 〈열린교육의 정착을 위한 방안 연구〉, 이화여자대학교 교육공학과 박사학위 논문, 1995.
16 행정안전부 대통령기록관 홈페이지에서 역대 정부의 교육개혁보고서, 교육개혁 관련 문서를 열람할 수 있다.
17 조귀동,《세습 중산층 사회》, 생각의힘, 2020.
18 조은정, 〈초등 교원의 교원능력개발평가제 경험에 관한 질적 연구〉, 단국대학교 박사학위 논문, 2023.
19 'Are teachers valued as professionals? 교사들은 전문가로 평가되고 있는가?' 편.
20 "일본 나라현, 교원 업무경감 계획 발표··· 2026년 교원 부활동 지도 전면 폐지", 〈교육플러스〉, 2024. 2. 8.
21 천경호,《리질리언스》, 교육과실천, 2018.
22 조너선 하이트, 그레그 루키아노프,《나쁜 교육》(왕수민 옮김), 프시케의숲, 2019.
23 한국발도르프교육협회 홈페이지에서 〈발도르프교육이란〉 글과 서울자유발도르프학교 홈페이지에서 〈학교소개〉 글을 발췌하여 요약했다.